潮起温州思考录

纪念改革开放40周年

王永昌 著

ZHEJIANG UNIVERSITY PRESS
浙江大学出版社

图书在版编目（CIP）数据

潮起温州思考录：纪念改革开放 40 周年 / 王永昌著.
—杭州：浙江大学出版社，2018.11(2018.12 重印)
ISBN 978-7-308-18733-6

Ⅰ.①潮… Ⅱ.①王… Ⅲ.①改革开放—研究—温州
Ⅳ.①D619.553

中国版本图书馆 CIP 数据核字(2018)第 247878 号

潮起温州思考录——纪念改革开放 40 周年
王永昌　著

责任编辑	蔡圆圆	
责任校对	杨利军　郑成业	
封面设计	十木米	
出版发行	浙江大学出版社	
	（杭州市天目山路 148 号　邮政编码 310007）	
	（网址：http://www.zjupress.com）	
排　　版	杭州中大图文设计有限公司	
印　　刷	浙江省良渚印刷厂	
开　　本	710mm×1000mm　1/16	
印　　张	10.25	
字　　数	179 千	
版印次	2018 年 11 月第 1 版　2018 年 12 月第 2 次印刷	
书　　号	ISBN 978-7-308-18733-6	
定　　价	35.00 元	

谨将此书献给富有探索、开拓创新精神的温州人

前　言

　　人的一生很短暂,但有些经历却是刻骨铭心、难以忘怀的。1986年6月至1987年7月,组织上为了培养、锻炼我,让我到温州挂职工作一年。当年,我们从杭州出发,坐了10多个小时的汽车,才到了温州市区。记得过瓯江大桥时,谁说了一句"汽车跳,温州到",引起了大家的共鸣。当年进温州城的路况之差,至今还让我记忆犹新。今天,温州和浙江其他地方一样,都发生了翻天覆地的变化。

　　但历史总是从过去到现在再到未来的奔流不息的过程。今天的新变化是在过去的基础上演变而来的。

　　温州位于浙江省东南部,瓯江下游南岸。全市陆域面积12083平方公里,海域面积约11000平方公里。2016年户籍人口818.2万,常住人口917.5万。2017年温州地区生产总值为5453.2亿元。而1987年户籍人口是643.99万,生产总值才54.95亿元。30年间,温州的地区生产总值增长了近100倍。温州还是国家历史文化名城,素有"东南山水甲天下"之美誉;温州人常被看作是"东方的犹太人"。

　　改革开放40年来,温州大地创造了无数奇迹。可以说,温州是中国个体私营经济、民营经济的先发地区与改革开放的前沿地区,想当年,"温州模式"名播全国。我们特意用"名播全国"而未用"享誉全国",自然是考虑到当年

"温州模式"争议很大这个历史事实。我有幸见证了当年的"温州模式",并在某些方面参与了"温州模式"的实践。比如,1987年,我和同事们提出了"温州人精神"这个概念,并就当年争议很大的两个问题,即"温州模式"带来了怎样的思想文化变化、"温州模式"是否是"精神污染"的温床这两个大是大非问题做了不少理论研究、宣传和调研工作。总体上,我们是热情讴歌温州人民的伟大创造的。

"温州模式"是指温州地区以个私经济、家庭工业和专业化市场方式发展工商经济,进而形成一种小商品、大市场的发展格局和状态。这在20世纪八九十年代是极具创造力并引发了广泛争议的发展现象,被称为"温州模式"或"温州现象"。

温州同浙江其他多数地方一样,可供开发利用的自然资源不多,人均耕地少,国家投入少,且交通条件差。党的十一届三中全会之后,温州人就敏锐地捕捉到了希望的曙光,纷纷办厂做生意。1982年,温州出现了创业小高潮,当地个体工商企业超过10万户,约占全国总数的十分之一;30万名经销员奔波于全国各地,被戏称为让国有企业头疼不已的"蝗虫大军"。1983年,温州创办了全国第一个专业市场:永嘉桥头纽扣市场。1984年,温州集资兴建了中国第一座农民城:龙港农民城。1987年,温州颁布了第一个关于股份合作制的地方性规章——《温州市关于农村股份合作企业若干问题的暂行规定》。1998年,温州市第八次党代会报告将"温州人精神"概括为"敢为人先,特别能创业"的精神,这一精神在群众中成为广泛共识。如此等等。

当年的"温州模式"主要是指以家庭、联户企业为主的一种农村非农经济经营方式。它和以集体经济为主的"苏南模式"主要为大工业配套服务不同,和"广东模式"下注重利用外资发展也不一样。"温州模式"是一种个体私营经济,是老百姓经济,市场化取向高,使温州逐步形成了区域性的民间市场体系,而且生产、生活要素自由流动并向小城镇集聚,进而带动了城镇的较快发展。

温州经济快速发展的同时,在20世纪80年代中后期,一些温州人急功近利,大量制造并推销伪劣产品,这一现象暴露了"温州模式"的许多弊端。温州人在实践中总结反思,不断加强市场监管,积极引导市场健康发展;温州的企业随着原始资本积累的完成,不断成长、做大并规范发展;温州人的素质也在时代潮流中得到洗礼、提升;"温州模式"也逐渐被世人认可、赞誉。

　　历史总是以不同方式为自己开辟前行的道路。温州的企业、温州的经济社会、温州的区域体制、温州的人文精神等，都必然向前发展、进步着，以至于后来，"'温州模式'是否已完成自己的历史使命而退出历史舞台"的话题时常被人们提起。即便"温州模式"确已成为历史现象，我认为，也是不难理解的。

　　但"温州模式"的经济、政治、文化成就及其对中国改革开放进程的时代价值，是显而易见的，也是不会轻易被历史磨灭的。这是温州人民对当代中国发展的巨大贡献。有感于那个时代的火热实践，当年我在尽力干好温州市委宣传部分管工作的同时，深入基层调查研究，充分收集实践材料，积极开展理论探讨，尤其从哲学方法论角度剖析"温州模式"和温州人的思想文化变化，并形成了一些文字材料。

　　2018 年正值中国改革开放 40 周年，而 2017 年刚好是我结束挂职锻炼离开温州（1987 年）30 周年，特将当年留下的这些文字加以收集整理，汇总成册，予以出版，以此纪念改革开放 40 周年。本书的第四章是 2013、2014 年我在浙江省人大常委会分管立法工作期间，到温州调研民间融资改革地方立法过程中的一些思考，也属于温州改革的新现象、新实践，故亦纳入本书。

目　录

第一章

来自温州改革实践的哲学报告

温州农村的改革、开放、突破、创新;商品经济、个体经济、家庭工业、联户经营、供销大军;能人、企业家、万元户;影剧院、老人亭、坟墓、庙宇;社会、集体、个人;成就、进步、问题、不足……这些都足以引人思索。我们试就温州改革开放、经济社会发展实践做些客观、冷静而又有些"热度"的哲学思考。

一、生长点:在思辨与实践之间

《浙江社会科学》编者按:回顾"文革"结束后我国哲学走过的道路,我们可以发现,尽管我们的哲学已在短短的几年时间里艰难地从单纯为政治服务的"卫星"地位中解放出来,并取得了不小的进展,但与飞速发展的社会生活相比,哲学的步履显得有些蹒跚、沉重。作为抽象程度很高的一门学问,哲学的繁荣当然离不开对人类优秀精神产品的消化和吸收;但是,作为时代精神的精华,哲学如果不把自己的眼光投向自己生存的时代,那就很难真正体现自己的本质。因此,我们欢迎各种体现作者独特个性的哲学论文,同时更呼唤那种来自改革第一线的、跳动着时代脉搏的哲学思考。本刊从这期起向读者推荐王永昌同志的来自温州改革实践的系列哲学报告，并不表明我们完全赞同作者的结论。但我们赞赏作者研究现实问题的理论勇气，文中提出的"中介之路"也不失为哲学现代化的一条途径。我们期望引起读者的关注。

理论界、哲学界不少人在关注和讨论马克思主义理论生长点、马克思主义哲学生长点的问题。所谓"马克思主义理论的生长点"，就是指在坚持马克思主义基本理论的同时，积极寻找马克思主义理论进一步丰富和发展的途径、条件、动力和办法等。笔者无力论证如此宏大的理论难题，只是想结合自己在温州生活一年的一点实践感受，就哲学的生长点的某些方面谈点看法，权作这系列论文的"引子"。

哲学不同于一般的实证性学科，它的抽象程度、思辨程度比较高。所以，现实生活、实践活动对哲学发展的推动作用，就历史发展的时代跨度而言，是比较明显的；但就某一历史阶段、短时期来看，则是不明显的。同时，哲学的发展在其表现形态上，更多地取决于一个民族的理论修养和哲学家的思辨能力。这就容易产生误解，似乎哲学发展的生长点主要靠哲学理论自身的思辨运动和哲学家"冥思苦想"的思辨活动。毫无疑问，哲学进步和发展的一个基本生长点，是哲学家和哲学理论自身的思辨活动。哲学理论中的不少论点的增生、哲学理论体系自身的完备、哲学理论内容的扩张和丰富、哲学理论新领域新视野的开拓、哲学理论进化过程中的自我淘汰，等等，都可以通过思辨活动而实现。无视这一现象，一味强调物质实践活动这一生长点，有失偏颇而且十分有害。然而，如果反过来只讲思辨活动对哲学发展的推动作用，无视或贬低实践活动对哲学发展的促进作用，也同样是片面和有害的。

在笔者看来，如果除去实践活动对哲学发展起着"归根结底"的决定作用和其他一些间接作用，当下的实践活动对哲学的发展起码也有以下四个"生长点"：

一是"环境生长点"。与其他学科理论的发展一样，哲学理论的发展也需要一个良好的学术、社会环境。没有一个鼓舞开拓、创新、变革、争艳的社会实践环境，就不可能有一个哲学繁荣的勃兴局面。

二是"否证性的生长点"。我们过去的许多方面的哲学"道理"，通过社会实践活动的检验，都被否证和淘汰了。例如"斗争哲学""阶级斗争"理论、历史发展的"动力"理论等,都被实践淘汰了一些内容。这看起来是"否证"、是"减少",实际上是我们的认识更科学、更正确了,因而在本质上它仍属于"生长"。

三是"丰富性的生长点"。社会实践可以使原有的哲学原理具体化和丰富化,并得到新的充实。

四是"开拓性的生长点"。社会实践活动,尤其是开创性、变革性的社会实践活动,可以为哲学的发展和哲学的研究开拓新的视野、新的领域。

当然,社会实践活动对哲学发展的"生长点"的作用,远不只是上述四个方面,这里不过是择其主要方面而已。而且,我们这里的"社会实践"还不包括人们的科学认识活动。科学认识活动对哲学发展的"生长点"作用,要更多、更明显,这是不言而喻的。

哲学发展的生长点无疑是丰富多样的,但概括起来,最基本的途径分别是理论的、思辨的批判,实践的批判和思辨与实践相结合的批判。一般说来,无论是思辨的,还是实践的生长点,都是通过思辨与实践之间的"交融"而实现的。但也必须看到,有些思辨的"生长"是脱离实践的,如"假大空"的哲学思辨;而有些实践的"生长"是脱离理论思辨的,如那些就事论事、没有多少哲学味的所谓"哲学思考"。这两种倾向产生的原因,是哲学思辨与实践活动之间缺乏有机的结合。因此,在哲学思辨与实践活动之间保持"必要的张力",以及创造性地将两者有机结合,无疑是哲学发展比较有效的、优化的生长点。

以上是笔者在温州生活一年后,对哲学理论发展"生长点"的一点方法论的感受和认识。那么,温州的实践与哲学发展的生长点又有何关系,或者说,从温州的实践中能得到哪些启示呢? 这是本章的主题,也是下面所要具体讲的。

温州,是我国农村改革实践的"前沿阵地"之一,是一个引人争议的地方。你看,温州的改革、开放、突破、创新;商品经济、专业市场、个体经济、私人经济、家庭工业、供销大军;"能人"、农民企业家、万元户、雇工、贫困县;影剧院、电视差转台;农村公园、老人亭;坟墓、庙宇;社会、国家、集体、个人之间的协调与摩擦;成就、进步、问题、不足;文明、愚昧、真善美、假丑恶;等等,确实令人赞叹和困惑,值得世人思索和探讨。

是啊,温州不是人们想象中的温州,而是在现实生活中运行着的一个"小世界"和"小社会",它当然不可能是纯真单一的"天堂"。其实,社会生活本身就是一个多姿多彩的万花筒。"万花筒"的丰富性、深刻性,为我们理论工作者多视角、多学科的研究,提供了广阔的客体背景和材料背景。作为哲学理论工作者,我的兴奋点自然是从哲学角度来思考和探讨一些问题,本章就专门来讲一讲温州改革实践和社会发展给我们思考"哲学生长点"的一些启示。

(一)哲学的主体化与哲学发展的生长点

在温州生活了一年,笔者感触最大、印象最深的是:温州这几年充满了生机和活力;温州人勇于开拓、突破、创新;温州人"八仙过海,各显神通",有多大能耐、多大本领、多大能量,都能充分显示、释放出来。总之,温州人的积极性、主动性、创造性得到了发挥。这从哲学高度讲,就是温州人各个方面的本质力量在这几年比较宽松的社会环境中,来了一次大发挥、大显示、大释放。用马克思曾用过的哲学术语来表述,就是温州人的主体本质力量的外在化、现实化和对象化。人的"本质力量"是参差不齐的,人的素质、思想、觉悟也有高有低。因此,现实生活和经济活动就直观、感性地反映了温州人"本质力量"的差异性,织出了真善美与假丑恶共生共融的画面,尽管其光明面是占绝对主导地位的。的确,我们今天的改革,从一定意义上讲,是要采取各种途径和措施,使人的本质力量、人的潜能和人的生产力来一次革命、来一次解放。

温州改革实践的这一特点,给我们哲学工作者的一个重要启示,就是哲学必须研究人,研究人的主体性,研究人的"本质力量",研究如何发挥、调动人的"本质力量",研究如何加强主体人的自身建设和提高自身素质等问题。

哲学当然需要研究"客观世界"和"物质运动",也需要在理论上把"人"本体化:归还于产生他的物质世界。但是,难道哲学完全可以"无人化""无主体化"吗?难道哲学不也应该同时研究人这个更复杂的"世界",不应该研究"人的运动""人的规律"吗?难道不应该从客观世界走到人,不应该使自然人化、使周围现实世界主体化吗?哲学是人类自己的一份精神财富,而不是外在于人、更不是敌对于人的一种"贡品"。哲学也应该为人类自身建设服务,为丰富和发展人的"本质力量"尽义务。

因此,哲学关注人,研究人的主体性,探讨人的本质力量,应该是顺理成章的事。难怪马克思当年是那样热切地关注和研究人、人类社会和无产阶级的解放事业,并为此奋斗终生!

(二)哲学的实践化与哲学发展的生长点

温州人不但商品意识强,而且务实精神也十分突出。

这些个体户、专业户、供销员不像我们有些人嗜好发议论。他们总是按照自己的理想,扎扎实实地在改变世界、创造生活;他们的实践活动、经营活动,有了比较充分的自主权;他们实践活动的空间,要比过去大集体的实践活动广泛得多,可谓跑遍全国各地;现在,作为实践主体,他们是个体化、家庭化的,但他们的实践活动的社会化程度要比过去高得多……温州人的这些实践活动的特点,给我们哲学工作者提出了必须重视研究人的行为、人的实践活动的要求。

例如,个体的实践活动与群众(集体)的实践活动各自有何特点,它们的相互关系如何? 为什么个体的实践活动的活力、能量往往比过去集体的实践活动的能量、活力要大? 人的实践行为受什么因素、哪些条件制约? 对这些个体的实践行为,国家、政府应该用什么有效的办法进行调节、管理? 等等。这些涉及实践活动运行机制的课题,难道不应该成为哲学关注和研究的对象吗?

然而遗憾的是,我们的哲学尽管高举"实践"的大旗,却很少实实在在地研究实践主体、实践规模、实践效益、实践优化、实践控制、实践运行、实践合理性、实践可行性等"实践活动"的问题。在传统认识论中,实践这一范畴的地位表面上高于其他范畴,但实质上由于我们仅仅把认识论看作是认识发展规律的科学,因而把实践活动只归结为认识过程中的一个环节(实践是认识发展的动力、认识的目的、检验认识对错的标准),只不过是研究与实践活动相连的认识活动而已。

当马克思开始成为"马克思"的时候,他就发出了振聋发聩的新的哲学宣言:"哲学家们只用不同的方式解释世界,而问题在于改变世界。"这实际上宣告了马克思的哲学主要是改造世界的"实践哲学"(马克思自己称其哲学为"实践唯物主义")。

当然,我们也应该公正地看到,近几年哲学界对"实践性"问题的研究、对"应用性"问题的探讨,已经有了令人可喜的改观,并取得了一些值得称道的成果。但总的看来,哲学的实践化(这里指对实践活动的研究热忱、研究成果)还不突出和明显,急待加强。

让我们的批判视野再回到温州的实践中来。

当我们运用现成的哲学理论、经济理论或其他理论所提供的认识框架,去把握农村变革的现实,去把握温州经济发展的实践时,无法不感到理论与现实之间的殊大反差,甚至还往往受已有理论思路的某些缺陷的限制。从温州到全国,改革每深化一步,姓"社"、姓"资"的疑问就要被重提一次。对个体经济、私人经济、雇工等现象怎么看? 是社会主义的,还是资本主义的? 大家围绕它们的属性高谈阔论,争得面红耳赤,而我们的理论工作者也昂首挺胸地参加了"是什么"的"大合唱"。

当然,讨论"是什么"的属性问题,是有必要和有意义的,笔者无意否定这一点。但是,当变革的现实已经不再满足于说明"是什么"的问题而转换为"它们是怎样的""它们是如何作为、如何运行的""它们今后会怎样的""需要什么措施、办法、怎么办"等这类实践性问题后,传统理论的缺陷就处处显露出来;受传统理论思路"培育""熏陶"的人们(当然包括笔者本人)的弱点,也随处可见。

因此,研究"实践性"问题,加强哲学的实践化,必将会丰富和发展我们的哲学理论,成为一个重要的"生长点"。

(三)哲学的中介化与哲学的生长点

所谓哲学的中介化,一是指哲学的理论、观点与现实事物之间存在着许多具体理论的中间环节,因而在用哲学理论、观点解释和把握现实事物的过程中,需要完成思维上的中介转换环节;二是指哲学体系中成对出现的范畴之间也需要中介化。

然而,我们的传统哲学却不太重视对中介环节的研究,结果使得哲学原理在很大程度上脱离实践、脱离生活、脱离实际,显得单调而又高高在上,干巴巴而又包罗一切。哲学的范畴看起来是"变换无穷"、颇为辩证的,但实际上只是两个对应范畴"位置的互换",至于它们之间是如何变换、怎样过渡、经过什么中介,等等,人们就不得而知了。

正由于我们的哲学理论、范畴之间往往缺少一些必要的中介环节,在把它们运用于考察现实事物时,就显得有点"头重脚轻""大而空"了。

哲学的中介化,也是改革实践给我们提出的一大课题。

比方说,关于普遍真理与具体实践相结合的原理,就包含着丰富的具体理论和中间转化环节:有中国特色的社会主义,可视为第一层次的中间环节;坚持四项基本原则与坚持改革开放,可视为第二层次的中间环节,还有第三、第四、第五层次,以至无穷。

拿温州的情况来说,笔者也提出过许多需要研究的中间环节。比方说,温州农村发展商品经济,目前主要是走发展个体、私人、家庭经济这一颇有特色的路子。它是不是在建设有中国特色的社会主义整个过程中的中介环节之一? 如果是,它在这整体过程中属于一种什么样的中介环节? 又处于什么地位,有何作用和意义?

再比方说,温州给一些人的印象是"富了个人,亏了集体,穷了国家"。且不说这一批判的真实程度如何,但它提出了两个重大的理论课题:个人与集体、国家的关系,个人利益与社会利益的关系问题。个人与社会到底应该如何结合,需要通过哪些中介环节和怎样的结合方式? 个人富裕与社会富裕是什么关系? 达到社会的共同富裕要不要经过一系列的中介转换环节? 等等。

我们与其停留在质疑的层次上,倒不如实实在在地开动脑筋,想想如何通过种种利民、利国的有效的中介环节和中介结合方式,使个人利益与社会利益有机地结合起来。

诸如此类的例子,都说明我们的哲学和其他理论确实需要中介化、具体化。许多具体的中介环节,虽然登不上哲学宫殿的"宝座",但哲学无疑应该研究这些中介环节。我们毫不怀疑,研究哲学原理与现实事物之间、哲学成对范畴之间的中介环节,是推动哲学向前发展的又一个重要的生长点。

综上所述,就是要通过思辨的和现实的、理论的和实际的,以及两者的交叉点、结合点,进行多视角、多方位、多层次、多途径、多形式的立体研究,一方面来促进哲学自身的丰富、发展和繁荣,另一方面来为改革实践、为人民的生活服务。

这是作为一名哲学工作者的笔者,在温州学习、生活、考察了一年之后的一点"职业感想"。这一粗浅的"感想",也是笔者系列论文的指导思想和方法论。

二、千古难题:在个人与社会之间

个人与社会之间有着无穷的"奥秘"。人类的文明进步史,在很大程度上是如何处理好个人与社会(包括国家、政府等公权)关系的历史。这是任何时代、任何国家都存在并要处理(治理)好的基本矛盾(问题)之一。处理得当,社会稳定、进步快;反之,则缺乏活力甚至出现动荡。

在社会主义社会,个人和社会的关系仍是一个重大的理论问题,也是一个重大的实践问题。我们的经济政策、政治政策、意识形态政策,以及法律法规、社会伦理规范等,其相当大一部分的出发点和归宿点,都在于调节、控制和引导个人与社会、个人与集体之间的关系。资本主义社会在物质生活上的贫富两极分化、理念精神和价值观念上的个人主义倾向,使得资本主义社会在个人与社会之间倾向于个人、着眼于个人,而忽视或轻视多数人的利益、社会的价值,社会主义就是要把这种颠倒的关系再颠倒过来。但社会主义绝不意味着可以扼杀个人利益、个人价值。

如何使个人和社会得到最优化的、互利互进的结合?回首人类社会的历史发展,纵观社会主义社会的发展过程,审视我国几十年来的经验和教训,我们不能不感到个人和社会之间所蕴藏着"无穷秘密",以及重视、处理好它们之间关系的极端重要性。

毫无疑问,在理论上,个人和社会是有机统一的,两者相互依存、相互制约。但是,在现实中两者却往往充满着矛盾。

马克思说过:"任何人类历史的第一个前提无疑是有生命的个人的存在。""社会结构和国家经常是从一定个人的生活过程中产生的。但这里所说的个人……是现实中的个人。"(《马克思恩格斯选集》第 1 卷,第 24、29 页)

另一方面,马克思也指出:"个人是社会存在物,他的生命表现,即使不采取共同的、同其他人一起完成的生命表现这种直接形式,也是社会生活的表现和确证。"(《马克思恩格斯全集》第 42 卷,第 122—123 页)

是的,孤零零的个人从来都是不存在的。"我们越往前追溯历史,个人,从而也是进行生产的个人,就越表现为不独立,从属于一个较大的整体。"个人之所以离不开社会,是因为人"不仅是一种合群的动物,而且是只有在社会中才能独立的动物"(《马克思恩格斯全集》第 46 卷上册,第 21 页)。作为"一切动物中最社会化的动物"(恩格斯语)的人,我们的一切,我们的"活动及其成果的享受,无论就其内容或就其存在方式来说,都是有社会的性质"(马克思《哲学手稿》,第 75 页)。

可见,个人是离不开社会的,社会也不能离开众多的个人。如果说社会是活的机体的话,个人则是这个机体上的细胞。没有了细胞的存在和发展,就不存在社会这个有机整体了。反之亦然。

从个人和社会的统一性中能否得出这样的结论:个人就是社会,社会就是个人;或者个人可以无视社会,社会可以扼杀个人;或者个人的利益、行为与社会的利益、行为是完全一致的呢?回答当然只能是否定的。

显然,在现实社会生活中,个人和社会具有统一性,但又有矛盾性。它们都是一个相对独立的实体,在利益、意志、愿望和行为等方面,往往不是"步调一致"的。即使是在社会主义社会里,在根本利益、根本意志一致的条件下,个人和社会也难免会发生矛盾。所以,我们不但要承认个人和社会之间的一致性,而且还要承认它们的矛盾性,并找出个人和社会之间的"结合部",为其安装"调节器",使个人和社会不断地处于流动的和谐状态。

毫无疑问,在社会历史领域中,一方面个人要为自己的生存发展谋利,另一方面又客观上能促进社会发展;一方面要充分发挥个人的积极性,另一方面又要防止和克服危害社会的消极作用;一方面个人要充分享有权利,另一方面又要承担相应的义务(这种义务对社会来说就是权利);一方面个人要有自由,另一方面又要有纪律、法制去约制;一方面要使个人的心情舒畅,另一方面又要有社会的统一意志,如此等等,不一而足。这些现实的矛盾体,都需要在个人和社会之间找到"结合部",为其安装"调节器",才能真正实现它们之间的现实统一。

温州农村改革和经济发展的最大特点,是个体经济相当活跃,家庭工业相当发达,个人的生产积极性相当高,家庭的致富动力相当大。那么,这种个体经济行为与社会整个经济行为、个体的经济利益与社会的整体经济利益是统一的还是矛盾的?是"利国利民"还是"富了个人,空了集体,穷了国家"?或者是又统一又矛盾的?

我认为,这里既有统一性,又有矛盾性,问题的关键在于调节个人和社会之间的某些环节。在如何看待温州发展这个问题上,目前争论很多,观点难以统一。有人认为,温州的这种经济格局是"富了个人,空了集体,穷了国家",似乎在个人和社会之间存在着非此即彼的不可调和的矛盾。还有人认为,温州的这种经济格局是利国利民的,宣称那种所谓"个人富、集体空、国家穷"之说可以"休矣",似乎在个人和社会之间就根本不存在什么矛盾,彼此是完全一致的。显然,前者是过于悲观的论调,后者是过于乐观的想法。

我们的意见是处于这两种观点之间的,认为既要看到统一的方面,又要看到矛盾的方面,需要具体分析,不可一概而论。理由是:一方面应该承认,这些个体、家庭作为社会中的个体和家庭,他们富了,在一定意义上,同时也是富了"社会",他们这些年在自己富的同时,也的确为国家创造了不少财富,上缴了不少税款;另一方面,也应该看到,他们中的不少人的经济行为并不是完全正当合法的,有的是通过打"擦边球"的行为牟取利益的,例如"假冒骗""偷漏欠",有的虽然是通过合法、正当的手段,但不是通过合理的劳动获取财富的,例如付出的劳动和成本与其所得相差过分悬殊,等等。

在这里,我们不但应该看到事物的这种两面性,更关键的是应该采取正确的态度和办法。我们不能为了社会而完全否定个人,或者为了个人而牺牲社会。任何事情简单化、"一刀切",虽然省力气,但于事无益。我们的责任是尽可能寻找和完善个人与社会之间的"结合点"。我们的改革,从一定意义上讲,就是为了寻找个人和社会、单位和国家之间的结合点、结合机制和结合形式,变更过去统得过死的结合机制,以实行既有利于发挥个人活力、单位活力,又有利于社会管理、社会发展的新的结合机制。在改革实践中,多种形式、多种功能的"结合器",正在逐步建立和完善起来。例如,在公有制占主导地位的情况下实行多种经济形式并存;在劳动报酬方面有工资、职务津贴、奖金等多种调节形式;在管理上,实行统一管理与各组织享有充分自主权相结合的体制;在生产上,实行责任制;在交换方式上,实行多种流通方式;在调节上,实行计划与市场相结合的方法(市场经济是后来提的),并通过党和国家制定的有关方针政策、法律法令和管理条例、社会舆论、宣传工作等进行引导。我们可以从政治的、经济的、意识的、文化的、组织的方面,去揭示和分析个人与社会之间的"结合点"。

这些年,在个人经济行为和社会经济行为的结合方面,温州有不少创新,形成了一些独特的发展形式,但也存在不少"漏洞"和需要完善的地方。其中,无论是"经验"还是"不足",都要求我们理论工作者去研究。

三、无穷转换:在动力与活力之间

温州农村发展的一个显著特点,是千家万户、男女老少的劳动积极性被比较充分地发挥出来,人们原来蕴藏着的巨大潜能得到了广泛的释放,使温州处处呈现生机和活力。那么,产生这种活力的动因是什么呢?怎样激发和维持人们实践活动的活力?影响和制约人们实践活动的因素是什么?这些是十分有趣的哲学问题。

我们的改革,在直接意义上说,基本的任务是激发人们的活力。列宁曾说过,"不激发到现在为止还没有觉醒的广大群众的积极性,就说不上什么改革"(《列宁全集》第27卷,第192页)。我们的改革是要"按照党历来要求的把马克思主义基本原理同中国实际相结合的原则,按照正确对待外国经验的原则,进一步解放思想,走自己的路,建立起具有中国特色的、充满生机和活力的社会主义经济体制,促进社会生产力的发展";就企业层次讲,"增强企业活力是经济体制改革的中心环节"(《中共中央关于经济体制改革的决定》);就个体层次讲,改革的基本任务也在于充分调动人们的社会主义积极性和创造性。一个社会、一个国家、一个集体、一个企业的活力源泉,在于脑力劳动者和体力劳动者的积极性和创造力。

过去我们统得过死的管理体制、脱离实际的"一大两公"、单一的流通渠道、平均主义的分配方式等,都严重挫伤和压抑了劳动者的积极性和活力。社会主义社会的生命力和优越性,也应该、或者说首先应该表现在它的生机和活力上。因为,"群众生气勃勃的创造力是新社会的基本因素……生气勃勃的创造性的社会主义是由人民群众自己创立的"(《列宁全集》第26卷,第269页)。通过这几年的改革实践,我们正日益接近"具有中国特色的、充满生机和活力的社会主义经济体制",人们的积极性和活力开始得到比较好的发挥。

"活力"是事物内在的一种特性,是一种生命力、活动力。在社会历史领域中,活力的来源是人。人们健壮的身体、振奋的心情、焕发的精神、坚强的意志,以及人们活动的积极性、主动性和创造性,高效率、高速度、高节奏等,都是活力的本质表现,是活力作用的结果。一个充满生机和活力的人,往往可以创造出人们意料不到的奇迹。生机勃勃的社会主义事业,没有广大人民群众的社会主义积极性和活力,是不可想象的。

但是,"活力"作为人自身一种内在的特性,它可以以"潜能"的形态"沉睡"着;可能的"潜能"还不等于现实的"活力"。各种"活力"是由各种不同的动机决定的,因而"活力"具有质的规定性。为"个人利益"而损害社会与为社会利益而拼搏的"活力",在性质上是有区别的。此外,人的积极性、活力是可以内控和外控的,因而又具有量的规定性,它始终是一个在质和量上都可变的动态系统。

那么,决定人的行为活力的动因是什么呢?概括地说,"需要"是产生活力和维持活力的基本动因。马克思说过:"任何人如果不同时为了自己的某种需要和为了这种需要的器官而做事,他就什么也不能做。"(《马克思恩格斯全集》第 46 卷上册,第 29 页;第 3 卷,第 286 页)

但是,人的需要是丰富的、多样的,"在现实世界中,个人有许多需要""他们的需要即他们的本性"(《马克思恩格斯全集》第 3 卷,第 326、514 页)。美国著名心理学家马斯洛曾把人的需要发展模式,划分为生理需要、安全需要、归属需要、自尊需要和自我实现需要五大类,这是有一定科学根据的。

就温州这些个体户、家庭工业户的生产者来说,他们的生产动因有其特殊性。据我们了解和分析,激发他们生产动力和活力的因素主要有:经济利益的需要,这是处于主导地位的最基本的动因;劳动本身的需要(人多地少,需要劳动力自己寻找出路);社会地位、声誉的需要;追求事业,实现创业理想的需要;等等。

但是,"需要"的动因,并不直接就是活力本身。在动力与活力之间还需要有一系列的条件和"转换器"。比如说,生产活动中的自主权程度,社会的认可程度("认可"主要指社会舆论),社会的许可程度(主要指方针政策、法规条例),主体自身的体力、智力、精力和社会所能提供的物质条件,等等。其中最为关键的是生产者与集体、国家之间责权利的组合性质、组合方式和各自组合所能实现的价值程度。

《中共中央关于经济体制改革的决定》指出,在企业里,"当劳动者的主人翁地位在企业的各项制度中得到切实的保障,他们的劳动又与自身的物质利益紧密联系的时候,劳动者的积极性、智慧和创造力就能充分地发挥出来"。这是总结我国社会主义建设正反两方面的经验之后得出的正确结论。但是,如何"得到切实的保障",怎样实现"紧密的联系",这就很复杂了。这种复杂的程度对于个体经济的生产者来说,就更是如此。

因此,在动力和活力之间架设什么样的由此达彼的"桥梁"? 这座"桥梁"用什么方式方法去"架设"? 怎样使生产者的正当需要得到实现、积极性和活力得到充分的发挥? 怎样做到"活而不死"?

有人觉得温州的个体经济活力太强、太大、太"可怕",个体生产者的活力简直要"冲垮"集体和国有企业了,认为要压一压个体经济的"活力"。

我认为,个体经济充满活力是正常的,因为个体经营者在需要、动因与行为、活力之间,在责权利之间,已经找到了将其紧密结合的运行机制,而我们的集体、国有企业却尚未形成实现这种紧密结合的运行机制。

当然,个体生产者在经济行为中,可能有一些不正当的"活力",这就需要调节个体活力和社会活力的比率,要完善我们的调节手段,使两者之间保持合理的"度"。

总之,在有利于社会、集体,或者说不损害社会利益的前提下,怎样使(个体)生产者的动因与活力之间达到最优的统一,其最佳途径、方式和条件是什么,很值得我们思考。

四、寻求统一:在目的与手段之间

人类社会的发展和自然界一样,存在着不以人的意志为转移的客观规律。但是,人类社会的发展有着具有特殊表现形式的规律。在人类社会中活动的人,都是有一定意识、目的和愿望的。这些意识、目的和愿望是通过自觉的形式表现出来的。马克思说,人类社会的历史,"不过是追求着自己目的的人的活动而已",而且"对于各个个人来说,出发点是他们自己,当然是在一定历史条件和关系中的个人,而不是思想家所理解的'纯粹的'个人"。(《马克思恩格斯全集》第 2 卷,第 118—119 页;第 3 卷,第 86 页)

据此,有些人认为社会的发展根本无客观规律可言,而不少人则认为社会的发展动力是人们的主观意志、主观动机。的确,从微观、孤立的单个人角度看,每个人都在有意识地追求自己的目的。那么,个人和社会怎样才能彼此结合起来,共同推动社会的进步和发展呢?

马克思主义认为,人们在生产活动和社会生活中,必然要相互发生一定的社会关系,彼此形成某种"合作"。在原始社会,孤立的个人是无法与自然界相抗衡的;在生产发达、社会彼此分工的现代社会,没有一定的社会联系和合作关系,同样是不可思议的。因为无论在什么社会,"单个人不能摆脱自己的人的规定性"(《马克思恩格斯全集》第 46 卷上册,第 110—111 页),即局限性。人之所以是人,是因为人处于客观的社会联系之中。而社会关系、人们彼此的合作关系是人们自己创造的,它们看起来是与个人的主观目的和要求不相协调的,甚至是相违背的。其实,社会关系、合作关系恰恰是个人主观目的、个人需要的产物,"真正的社会联系并不是由反思产生的,它是由于有了个人的需要和利己主义才出现的,也就是个人在积极实现其存在时的直接产物"(《马克思恩格斯全集》第 42 卷,第 24 页)。而且,这些社会关系从一定意义上讲,同时也是实现个人需要、个人主观目的的基本手段和途径。因为,"社会关系的含义是指许多个人的合作"(《马克思恩格斯选集》第 1 卷,第 34 页)。

在私有制社会里,主体人的经济目的和动机一般是"为自己"的。但是,主体人的经济行为以及主观动机只有在社会关系中才能完成和实现。因此,主体人从"为己"出发经过"为他""为社会"的中介形式和中介手段,最后才能实现"为己"的目的。在自给自足的自然经济条件下,人们的经济目的、经济行为、生活和消费之间是直接同一的,不需要经过社会中介的转换,因而不存在"为社会"的特性。在私有制和商品经济条件下,人们的经济目的是为自己,但生产的产品是商品,商品必须经过社会交换才能实现其价值。这样,在满足生产者自己目的的同时,客观上也满足了社会其他人的使用价值的需要。如此,经济目的和行为就发生分离:首先是为自己生产,其次又必须为社会、为交换、为满足其他人而生产,最后经过"为社会"的中介手段,实现"为自己"的目的。

到了商品经济十分发达的资本主义社会,这种经济目的和行为的分裂特性达到极点,"为社会"背后的个人主义实质也日益显露出来。所以,马克思指出:"到十八世纪,在'市民社会'中,社会联系的各种形式,对个人来说,才只是表现为达到他私人目的的手段,才表现为外在的必然性。但是,产生这种孤立个人观点的时代,正是具有迄今为止最发达的社会关系(从这种观点看来是一般关系)的时代。"(《马克思恩格斯全集》第 46 卷上册,第 2 页)

从理论上讲,生产资料公有制的建立,为消除人们经济行为分裂为双重的目的奠定了统一的基础,使私有制条件下的"为社会"中所包含的表面现象成为多余的了。换句话说,在公有制的社会里,"我们已经看到在被积极扬弃的私有财产的前提下,人如何生产人——他自己和别人,直接体现他的个性的对象如何是他自己为别人的存在。同时是这个别人的存在,而且也是这个别人为他的存在"(《马克思恩格斯全集》第42卷,第121页)。用我们现在的话说,就是在公有制的社会里,生产不是为了货币和交换,而是直接为了人;生产者的生产目的既为自己,又为别人;"我为人人,人人为我"。

当然,我们今天还是发展商品经济的社会,还需要经过交换并以货币形式来表现产品的价值,还没有发展到马克思所预见的高度发达的社会,因而人们的经济行为的目的还在一定程度上存在着分离现象。为自己和为社会尚未完全直接统一,还必须通过一定的交换中介,这尤其表现在个体经济方面。但这和私有制条件下的双向分离,无论在性质上还是在程度上都是不完全相同的。首先,个人与社会、"为自己"与"为别人"、主观与客观之间的差异,已经不是根本对立的了;其次,为社会、为交换而生产,已经不仅仅是表面的现象和采取的手段,不像私有制条件下的"为社会"的背后是个人主义。现在是已经基本达到了手段和目的的统一了。但由于各个生产者、生产单位又是相对独立的经济实体,所以这种统一又不是无条件的、完全一致的。

在社会主义条件下,私人经济和个体经济的经济目的和经济行为在"为己"与"为他"之间可以是统一的。主观上"为个人"和客观行为上"为社会"存在着一致性,为流通、为交换、为社会而生产已不仅仅是一种"为己"的手段,因为个体经济和私人经济是在公有制经济占主导地位的前提下存在的,是作为社会主义经济的一种补充而运行的。但是我们也应该看到,私人经济和个体经济在"排他性""排社会性"上,要比国有经济和集体经济有着更多的可能性。因为在一般情况下,它们在整个经济运行过程中,主观上"为自己"的意识要比主观上"为社会"的意识强得多,"为社会"的特性往往得不到"主观"上和"意识"上的保证。这就需要通过对他们加强思想教育和建立健全的经济管理机制,去引导和强化他们"为社会"的意识。

温州农村个体经济的生产者,在整个经济行为过程中,主观上"为自己"的意识是比较明显的。对此,我们也无须给予过多的指责。同时,我们应实事求是地看到,他们客观上为社会创造了不少财富,促进了温州地区经济和社会的发展,成效是明显的。但是,我们怎样把他们"为自己"的主观性纳入整个社会主义经济发展的客观过程中,以防止"为自己"可能产生的"排他性"? 怎样使他们的经济行为"为社会"的客观性转化为他们自觉的主观意识,从而保证"为社会"的有效性? 换言之,怎样使主观和客观、目的和手段、"为自己"和"为社会"有机地统一起来? 这也是颇值得深入研究的一个大问题。

五、矛盾抉择:在进步与代价之间

人们常用"既要马儿跑得快,又要马儿不吃草"去形容有些人想办事情而不愿付任何代价的天真想法。其实,世界上任何事物的发展和进步,都是以"消耗"一定的"代价"和"成本"为前提的。这是事物发展的一条普遍规律。

辩证的唯物主义告诉我们,任何事物的产生和存在都不是毫无根据的,它们必定是其他事物转化的产物;而任何事物的发展和进步,也都不是毫无条件的,它们必然是以牺牲某些因素为前提的。唯物的辩证法同样告诉我们,任何事物都是矛盾的对立统一体,都有两重性,绝对坏和完全好的事物只存在于人们的想象之中,在客观现实世界里是根本不存在的。因此,无论是过去产生的事物还是现实存在的事物,无论是正在发展变化的事物还是将来要产生的新事物,都会有好坏和利弊。凡事有一利必然有一弊;有积极的一面,同时亦有消极的一面。

只有毁掉某些必然要毁灭的事物,方能换来某些必然要产生的新生事物。茫茫宇宙,大千世界,之所以能进化到今天这样的地步,大概也是在演化过程中不断毁掉某些事物、新陈代谢之故。这个星系的毁灭,必然会孕育和产生另一个新的星系去代替它的运动。自然界的生物,往往要以牺牲自身才能换来下一代的产生并使之延续下去。世界的和平发展,也往往是以战争为代价的。一个新社会的产生,往往离不开革命、暴力,这正如一个新生儿诞生之前,母亲必然会有阵痛一样。相对于原始社会,奴隶社会的进步是以剥削和压迫为前提的。高度的科学技术既可以直接造福于人类,又可以用于杀害和破坏人类自身。有现代化交通之利,难免会有车祸伤人、飞机失事之弊。现代化的高楼大厦,有舒服美观的一面,又有使人与人之间相对隔绝,产生

"感情孤独"的一面。现代化大工业有大大提高社会生产力的一面,又有使环境污染等的一面。看来,哪怕是最先进、最美好的事物,在它的发展过程中,都不以人们的意志而存在着"弊"的、消极的方面。正因为如此,恩格斯才指出:"文明每前进一步,不平等也同时前进一步。"(《马克思恩格斯选集》第3卷,第179页)

资本主义制度在短短的几百年里,曾经创造了巨大的物质财富,使社会生产力发展到一个新的历史水平。但在其发展和进步的过程中,又不可避免地经历着巨大的痛苦和冲突,付出了沉重的代价:高度的贫富两极分化、尖锐的社会对立和矛盾、剧烈的社会动荡、严重的心灵危机、大量的社会犯罪,等等。社会主义制度产生的重要依据之一,正是为了避免人类社会发展中的上述痛苦和冲突。但社会主义在发展过程中不付出一点"学费"、不付出一点"代价",也是不现实的。拿经济的发展和进步来说,我们要建立社会主义公有制经济,但在相当长的历史时期内,还必须在公有制为主体的前提下发展多种经济成分,要允许个体经济的长期存在;我们要实现共同富裕,但在相当长的历史时期内,必须允许一部分人合法地先富裕起来;我们要实行按劳分配的原则,但又不得不允许事实上存在的不平等;我们要通过经济改革改变旧的经济体制,建立新的经济体制,但又不可避免地要经历一个"新旧转换"的"阵痛"时期;如此等等,不一而足。这都充分证明,事物在发展和进步过程中,必然会或多或少地付出一定的代价。

十一届三中全会以来,温州沿海一带的农村较快地实现了由自给自足的自然经济向具有一定的专业化、社会化程度的商品经济的转化;长期处于停滞、缓慢发展中的社会生产力得到了较快的发展;农村大量过剩的劳动力从狭小的土地上解放出来,找到了发展经济的广阔门路;原来破落的旧村镇逐步向新的、更多的集镇发展;农民们建造了一批批十分考究的住房,添置了一件件现代化的生活用品,人们的物质生活开始摆脱清苦而走上富裕。同时,人们在精神面貌、科学知识、文化生活、思想观念和生活方式等方面,也都有了积极的进步。

但是,温州农村的社会发展并不是十全十美的,它的进步并不是没有付出一定的代价。譬如说,个体经济、私人经济的发展,对集体经济和国有经济在人、财、物等方面都会有一定的冲击;允许私人经济的发展,就得允许有雇工现象,而有雇工自然就会有不合理的剥削现象的存在;一部分地区、一部分人先富起来了,但同时又出现了收入差距拉开,甚至差距悬殊的现象;家庭工业使非农经济得到大发展,但在工农产品存在剪刀差等情况下,农业生产有所萎缩;等等。这说明温州农村的进步和发展,在利弊得失的矛盾冲突中付出了一定的成本和代价。

当然,我们不是无原则地为"弊""失""代价"作辩护。在进步和代价问题上,我们是唯物主义的辩证论者。

首先,承认社会发展和历史进步必然会有代价的"代价观"。承认社会在其发展进程中付出一定的"代价",这是不以人的意志为转移的,不管人们承认不承认、允许不允许,它总是具有客观必然性的。

其次,要对"代价"作具体的分析。在社会发展中,有些"代价"的付出是不可避免的,而有些"代价"是"人为"的,是不应该"付出"的。要区分必然的与非必然的、合理的和非合理的"代价"。例如,温州农村商品经济的发展,使生产力和经济增长很快,人民的生活水平也提高很快,从而使人们之间的收入差距拉大了。显然,这种代价在实行按劳分配的社会主义社会具有客观必然性,在社会主义的初级阶段更是不可避免的。而过去我们实行平均主义,虽然避免了贫富悬殊以及由此而来的社会震荡的代价,但却付出了发展缓慢、生产者失去积极性的更大代价。这种代价则是非必然的、不合理的。另外,还要区分代价的大小,如把这样做的代价和那样做的代价进行比较,代价高的也是不合理的。

再次,我们承认在一定条件下,某些弊病、某些代价的存在是正常的、合理的,并不意味着可以听任弊病泛滥;相反的,是为了更自觉地克服弊病,有效地防止付出不必要的代价,并避免因"弊"废"利",因"代价"废"进步",做出像因噎废食那样的蠢事。

最后,要用动态、发展的观点看待弊病和代价。改革开放不可避免地会带来一些"弊病"和付出一定的"代价",但改革开放中的问题只能在继续改革开放的过程中才能解决,前进中的问题只能在前进中解决。

温州农村发展经济的新路子引起了人们的激烈争论,其中不少争论是与如何看待发展的成本、进步的代价问题有关的。在进步与代价之间的确存在着不少"奥秘",如何以最小的代价取得最大的进步,这正是我们要正视、要研究的。

六、互促共进:在创造性劳动与重复性劳动之间

过去,我们不大注意从理论上把实践区分为创造性实践与重复性实践,把劳动区分为创造性劳动与重复性劳动。

其实,它们各自在社会历史进步和生产经济发展中的地位、作用及意义是不完全相同的。在理论界,有人特别看重少数人的创造性活动,认为从事创造性实践活动的人才是社会历史发展的创造者,而从事重复性实践的普通劳动者不能算是历史发展的推动者。有的人则相反,只注意重复性劳动的作用,认为从事重复性劳动的普通劳动者才是历史的推动者。这些看法无疑是片面的。在社会历史进步和经济发展过程中,重复性实践和创造性实践都是不可缺少的。创造性劳动为重复性劳动摸索和开辟着前进的道路;重复性劳动则沉淀、巩固和扩大着创造性劳动的成果。创造性劳动和重复性劳动都是社会维持其存在和向前发展所需要的。离开创造性的劳动,社会就会停滞不前;没有重复性的劳动,创造性劳动和社会都会失去发展的基础。

从温州农村发展的实践看,创造性劳动确实在经济发展中起了巨大的作用。一个村、一个乡的发展,一个专业市场的兴起,往往是以少数几个人的创造性劳动为开端的。温州农村商品经济发展的一条共同"规律"(经验)是有一批懂技术、会经营、敢创业、有开拓进取精神的能人起带头作用,少数能人的创造性劳动很快引起了周围众人的模仿,从而推动了整个经济的发展。宜山区的再生纺织新技术在一两个能人首先创造出来后,很快被模仿并得到普及。乐清柳市某村一个农民引进一种低压电器产品,很快被全村农户所模仿,推动了全村经济的发展。

如果说少数能人的创造性劳动在经济发展中起着"龙头"作用的话,那么,多数人的模仿和重复性劳动则在经济发展中处于"龙身"的"主导"地位,是整个经济发展的基本组成部分。没有众多的千家万户的模仿和重复性劳动,就不可能有温州沿海农村经济的大发展。"一石激起千层浪,层层后浪推前浪。"少数能人的开拓创新会引起越来越多人的仿效;而多数人的模仿又引发和促进少数能人从事新的创造性劳动,如此循环,从而推动了整个社会经

济的发展。

一般说来,由创造性劳动向重复性劳动转化是比较容易实现的。而创造性劳动具有探索性、冒险性、开拓性,从发展的意义上讲,创造性劳动在整个社会经济的发展进程中,更具有关键性的地位和作用。有人说温州农村经济是一种"能人经济",是有一定道理的。如何造就具有开拓、创新精神的能人,怎样激发人们的创造性实践,以及如何使创造性的劳动顺利转化为大面积的重复性劳动? 这是经济和社会发展中值得重视的问题。

七、可能性空间:在生产力与生产关系之间

历尽艰难曲折而向前发展着的我国社会主义建设事业,到了1979年,终于迎来了一个有着广阔发展前景的新的历史转机。这个历史性的发展转机的启动点和推动力,就是在党的十一届三中全会路线的指引下,全国人民参与其中的伟大变革。

(一)实践的逻辑与理论的困惑

党的改革开放政策,给温州这块古老的土地注入了新的生机,给勤劳的温州农民增添了腾飞的翅膀。在这里,从城镇到农村,处处都让人感受到商品经济发展起来后百业兴旺的繁荣景象;在这里,半自给的自然经济,正在向较大规模的商品经济转化;传统的小生产农业正在向现代农业推进;农村的工业化、城镇化正在迈出坚实的步伐;人们的生活正在向小康迈进;陈旧、落后的思想观念、生活方式正在被新的、现代的观念和生活方式所取代。

面对我国的改革实践,面对我国农村改革实践的历史性成功,面对温州农村改革实践所带来的深刻而又急促的新变化,我们的哲学、理论工作者该如何作出有说服力的解释? 比较流行、普遍的理论解释是:因为我国的生产关系存在着同生产力发展不相适应的环节,所以要进行改革;农村变革的成功,是由于变革后的生产方式、经营方式适应了现阶段我国农村的生产力发展水平,等等。这种解释,无疑是正确的。

然而,如果仅仅停留在这一步,那显然过于抽象和简单化。因为,人们不会忘记,"生产力决定生产关系,生产关系反作用于生产力""生产关系必须与

生产力发展相适应"这一原理在教条主义泛滥的年代里曾经充当过"一大二公""穷过渡"的理论根据。长期以来,我们的理论思维和理论体系,都犯有一个通病,就是抽象多于具体、原则多于内容、普遍多于特殊。存在着这种缺陷的理论,一旦接触实际,面对复杂多变的现实,往往就显得苍白无力。由于人们一直不自觉地坚持着"生产力决定生产关系""生产关系适应生产力发展"之类极度抽象和单调的观点,所以对这一原理丰富而又具体的内容,时至今日仍然不甚了了。而当用这一原理指导和说明社会发展、现实生活时,就更显得缺乏具有操作性的、实践性的功能。

当年,马克思把一切社会关系归结为生产关系,把生产关系归因于生产力发展的高度,从而创立了唯物史观,揭示了人类社会历史发展的动因,说明了社会发展的客观规律。同时,这一规律也为共产党人进行社会主义革命和建设新世界,确立未来的美好理想,提供了强大的理论武器。

今天,我们仍然有足够的理由认为,这个原理的发现标志着"经济哲学""社会哲学"和"历史哲学"的最高成就。但是,我们却没有任何理由认为:马克思的后继者们可以躺在这个"最高成就"上"睡大觉""吃现成饭",而不把它进一步丰富、具体起来,使其发展到一个新的历史高度,更科学、具体、有力地说明和指导现实生活。

其实,历史实践已经多次为我们提供了能丰富、深化、发挥和发展马克思这一原理的良机。例如,社会主义制度为什么偏偏不在生产力高度发达的资本主义国家,而在生产力不甚发达的发展中国家首先实现,这与生产关系适应生产力发展的规律是否矛盾? 为什么资本主义的生产关系在性质上已经过时,但现代资本主义社会生产力却仍在发展,它的生产关系相应地发生了一些调整,这是否意味着资本主义生产关系可以容纳足够发展的生产力? 为什么资本主义生产关系随着生产力的发展可以自我调节? 再譬如说,为什么社会主义国家在生产关系与生产力的结合上,在建设的道路选择上,可以采取不同的形式、不同的途径,甚至差别很大的体制,但在生产关系、根本制度的性质上却仍然是社会主义的? 为什么先进的生产关系在实践上并不一定对生产力的发展起积极的推动作用? 为什么在大致相同的生产力发展水平基础上可以建构不同类型、不同性质的生产关系,或者说,为什么在差距很大的生产力发展水平的条件下,甚至在不同历史时代的生产力发展水平条件下,可以容纳同一性质的生产关系? 为什么我们今天的经济体制改革,其中包括生产关系具体表现形态的多方面、多层次的变革,可以不改变生产关系的根本性质? 等等。

对这些问题的深入研究和具体分析,必将极大地丰富马克思主义的生产关系适应生产力发展和生产力与生产关系是历史的、具体的统一这一学说。

(二)有一个可能性空间

产生上述现象和问题的原因自然是多方面的,人们也可以多角度、多侧面地去研究和分析。

但我认为,其中一个极为关键的原因是:在生产力与生产关系之间存在着一个十分广阔的、大有回旋余地的可能性空间。所谓可能性空间,就是事物在运动变化过程中存在着多种发展趋势和面临着多种发展可能,而事物发展中的各种趋势和各种可能的集合,就构成了某个事物的可能性空间。

我们设某一事物和系统的可能性空间在状态 A 与状态 D 之间,那它的可能性状态就包括 A、B、C、D 共四种。如果设可能性空间在状态 A 与状态 G 之间,则存在着七种可能性。至于一事物在发展中究竟有多少种可能性,则是由该事物的性质、要素以及所处时空等条件决定的,事先不可能确定一个绝对不变的值。

那么,什么是生产力与生产关系之间的可能性空间呢? 简单地说,就是生产力与生产关系之间相互组合的各种可能状态的集合。事实上,生产力、生产关系自身的结构和发展状态,生产力决定生产关系,生产关系适应生产力发展,都不是直线的、单一的,也并非只有一种可能性。相反,它们存在着广阔的可能性空间。它们之间的相互联结、相互规定、相互组合、相互作用,可以有各种各样的形式、途径、渠道和方法。由于社会的物质生产、经济结构和经济生活是一个十分复杂而巨大的系统工程,生产力和生产关系的结构状态、组合状态、发展状态是由整个历史、整个社会的全部要素和力量共同交融的结果,有着接近于无限的可变因素和可变的量。因此,生产力与生产关系之间具体的可能性空间到底有多少种,具体表现形式如何,理论上实在是无法完全确定的。但是,从方法论角度讲,我们可以从以下四个方面去把握生产力与生产关系之间的可能性空间。

第一,处于一定发展阶段的生产力可以与多种不同性质和方式的生产关系相融合;而一定性质和方式的生产关系也可以容纳不同发展阶段和不同发展水平的生产力。也就是说,在一定的历史和时代跨度的范围里,在一种生产力的基础上可以构筑起多种性质的生产关系;一种性质的生产关系则可以与多种性质的生产力相适应。这两种现象实际上是一个问题的两个侧面,表现形式不同,实质是一样的,都说明由生产力与生产关系组合而成的社会经济结构和发展的系统状态具有一定的可能性空间,存在着多种发展可能和趋势。社会历史发展的事实,以其铁一般的逻辑和力量,证明这种可能性空间的确是存在的。在资本主义生产关系的范围里,社会的生产力已经由手工工业经大机器工业发展到高度自动化、智能化、社会化的现代生产力阶段。而在以大机器工业为主要标志的生产力基础(或者其他发展阶段的生产力)上,则可以容纳或是封建社会的生产关系,或是资本主义的生产关系,或是社会主义的生产关系。对于这种丰富复杂的历史现象,离开了"可能性空间"的理论,就无法给予实事求是的、科学的解释。

第二,在一定生产关系的条件下,生产力系统自身内部各种要素组合的可能性空间。一般说来,一个社会的生产力是由劳动主体(人)、劳动资料、劳动对象、科学技术、组织管理等因素组成的;就生产力组合的宏观角度看,还有产业结构、技术结构、劳动力结构、产品结构(以上统称为"结构经济")以及数量结构(规模经济)、空间结构(布局经济)和时间结构(时序经济)等。生产力自身这个巨大而又复杂的系统内部各个要素如何组合、搭配,以及其发展方向、发展速度和功效,都存在着十分广泛的可能性空间。正因为如此,人们不得不建立生产力经济学等专门学科去研究它。

第三,在一定生产力发展水平的前提下,生产关系自身内部各种因素组合的可能性空间。生产关系是在社会的生产、分配、交换、消费等物质生产活动、经济生活活动中所存在和表现出来的经济技术关系、人与人之间的社会利益关系。由于任何一种生产劳动都是自然过程与社会过程、个别劳动与社会劳动的对立统一,因此,作为产生和存在于生产活动整个过程的、维系和作用于生产活动的社会生产关系,一方面必然要反映生产劳动中人与物、人与人之间合规律性地组合起来的种种技术性关系,如组织管理、领导指挥、分工协作的职能关系等;另一方面,又必然要反映生产劳动中人与人之间合利益性地组合起来的种种利害关系,如生产条件的归属关系、劳动者与生产资料的结合关系、生产中的地位关系、产品的归属关系等。和社会生产力一样,社会生产关系内部也不是只有"铁板一块",而是由多内容、多因素组成的一个复杂的系统。生产关系内部的各种因素、各种关系的组合,无疑也存在着范围不小的可能性空间。

第四,在假设生产力与生产关系都已确定的条件下,生产力与生产关系两者之间的结合,仍然存在着广阔的可能性空间。事实上,现实的、流动的、活的生产力、生产关系、生产方式等,在生产实践活动中都是共生共融、有机组合的。生产力和生产关系虽然各自有一定的独立性和发展规律,但它们任何时候都不可能是彼此割裂、独自存在。因此,对我们来说,更主要、也更困难的是要研究生产力与生产关系之间合理组合的问题。然而,以往我们要么只注重研究生产关系(如政治经济学),要么只注重研究生产力(如生产力经济学),而很少注重研究生产力与生产关系之间如何组合、社会经济如何运行等问题,因而对它们之间的具体的结合形态、丰富的内容和内在的关系,缺乏应有的了解,无法有效地指导实践。改革的实践迫切要求我们加强这方面的研究。我国的农村经济体制改革和城市企业的经济体制改革,从基本思路上讲,不是要改变生产关系的社会主义性质,而是要改变生产力与生产关系之间原来的组合方式,寻找和培育更合理的新的组合方式。

毫无疑问,在生产力与生产关系之间,多层次、多环节地存在着各种组合的可能性空间,如动力机制、市场机制、竞争机制、需求机制、经营机制、制约机制、管理机制、分配机制、消费机制等。而每一种机制本身又有各种各样具体的、可变的组合方式。比如,分配机制怎样实现按劳分配这一社会主义的生产关系原则与劳动者的劳动质量、成果(生产力)的合理组合?具体的结合过程和实现过程,有着各种各样的环节、途径、方式、方法和形式。这里也存在不少可供选择和组合的可能性空间。

(三)在可能性空间面前

面对事物发展存在可能性空间的事实,我们应该得出什么样的实践性结论呢?

第一,要在承认事物发展具有客观性、规律性、必然性的同时,明确树立起可能性空间观念。试想,如果没有可能性空间观念,那么,事物的变化只有唯一的、僵死的状态;历史的进程是直线的;凡是现存的一切都是合理的;

"太阳底下没有新东西"（世界上的事物既不增加，也不减少）；事物的变化是封闭式的；人世间只有"必然王国"而无"自由王国"；人们在事物面前只能听天由命，凭其摆布，无所作为（宿命论）。反之，如果确立了可能性空间观念，我们就能看到事物发展的复杂性、曲折性；就能用辩证的、发展的、开放的观点分析事物；就能从统一的世界中看到五彩缤纷的多样化事物；就能看到一个建立在认识世界和改造世界基础上的富有诱人魅力的"自由王国"；就能积极、主动地变革事物，为实现自己美好的可能的理想世界而辛勤地耕耘、劳作……因此，不建立起一个有着丰富可能性空间的世界，人们就没有认识世界、改造世界、变革事物的根据和理由，也不会有自由选择的权利和余地；我们的行动、我们的决策，不自觉地建立在广阔的可能性空间的基础上，就难以保证其必然性、合理性和有效性。

第二，在多种可能性空间中选择某一个或某些状态为实践目标。事物发展有多种可能性，并不是每一个状态都是合理的、都是符合人们的需要和目的的。针对一定的条件和人们的一定目的，必定只有某一个或某些可能性状态是最优的。显然，人类的选择观念、优化观念、价值观念、比较观念、决策观念等，实质上都是从可能性空间观念中派生出来的。

第三，缩小可能性空间，控制和创造条件，使事物向优化的既定目标转化。确立或设计了优化的可能状态，实际上也就是规定了控制目标，因而也等于减少了可能性空间。对于一个复杂的事物和过程来说，它受制于各种各样的条件、因素和可变量，因而事物的可能性空间不仅有许多个状态，而且这些状态又有繁多的发展方式和表现形式。所有这些因素、变量、条件，人们不可能毫无遗漏地加以把握，它们的可能组合状态也无法统统罗列出来。因此，对这些事物和过程，人们不可能绝对精确地将其控制到某一种状态上。这对绝大多数的事物和控制过程来讲，不但实际上办不到，而且也没有这个必要。事实上，人们只要把事物的可能性空间缩小到一定范围就能达到控制的目的。我们只能在一定历史条件下具体地认识事物和改造世界。然而，虽然我们不可能在繁杂多变、广阔无限的可能性空间里绝对自由地翱翔，但可以、也应该在有限的可能性空间中筑起自己的理想世界，并相对自由地选择和决策。选择、决策、控制的过程，本质上就是缩小可能性空间，逼近理想的、优化的目标的过程。在这个过程中，关键的是要创造条件、控制条件，通过一定的手段和有效的组合方式，不断修正那些远离优化目标的偏差,促使事物和各种组合状态逐渐接近事先确定的优化目标。正是可能性空间不断缩小着量变的曲线运行,最后画出了某种稳定的、不断接近直线的必然性的轨迹。

八、优化组合:在结构与功能之间

结构与功能这对新范畴,是伴随着近年来的"系统热",才渐渐移植到中国人的理论视野中的。若我们对我国农村改革前后的历史图景作一番深沉反思,必会感受到这对范畴的重大方法论意义。

(一)老命题与新命题

在今天,每一个有良心的中国人,恐怕都不会再怀疑了:过去"一大二公""大锅饭"式的经济体制和生产组织形式,曾经严重挫伤过农民们的生产积极性,束缚了社会生产力的发展;而以"包产到户"为启动点的农村改革,在短短的八九年间,使中国农村发生了神奇的深刻变化,它所结出的物质成果和精神成果,确实超出了人们当时的预料。

拿温州来说,1978 年,工农业总产值是 18.92 亿元,而 1987 年达到 78.67 亿元;农村人均年收入 1978 年是 69.92 元,1987 年上升到 626 元……改革前和改革后温州农村出现的这种时代性反差,不过是我国广阔农村的一个缩影。在这幅历史与现实"落差"如此悬殊、近乎荒诞的时代画卷面前,我们该作何思索,得出哪些有益的结论? 人,还是这些人;地,还是这块地;工具,还是这些工具;条件,还是这些条件……可是,改革后为何变化得如此迅速而深刻,改革的效力为何如此巨大而显著? 今天成功的妙方何在,昨天沉痛的教训又在哪里?

人们自然可以从各个不同的角度去进行多层次、多方面的剖析,但从哲学方法论角度讲,能否把握结构与功能的全面关系,是否有"优化组合"的观念,无疑是两个极为重要的问题。

按照系统论的原理,任何一个系统组织,都是由构成系统的元素、元素的组合结构、系统的环境和系统的功能四个部分组成的。如果把农业生产作为一个系统,那么,系统的元素是各种生产资料、生产手段、劳动力等;系统的结构就是各种生产要素和经济关系的组合形态;系统的环境就是对生产和经济活动过程起直接或间接作用的自然、政治、观念等条件;系统的功能就是上述三大方面相互作用而形成的功效。如果撇开系统的环境,决定系统功能状态的则是系统的元素(部分)与这些元素的结构形态(整体)。

因此,部分(元素)与整体(结构)的关系状态,在系统中有着举足轻重的地位。然而,在部分与整体的关系上,长期以来,我们似乎有点盲目地接受"整体大于部分之和"这个古老的命题。

我们知道,在非常远古的时期,人类就认识到"整体等于部分之和",并将其作为一条不证自明的公理,应用于代数、几何、形式逻辑以及日常生活中。后来,人类又认识到整体与部分有别。对此,古希腊圣哲亚里士多德概括出一个著名的命题,即"整体大于部分之和"。"整体由部分构成,整体等于部分之和"与"整体由部分构成,整体大于部分之和"这两个命题,看起来是二律背反,但在理论和事实上都是能够成立的。不过,"整体等于部分之和"是多少带有点机械论的观点,因而该命题屡遭指责,常被闲弃一旁。

在辩证法看来,整体绝不是部分简单相加的总和。黑格尔曾以"离开身体的手是死手"的机智比喻来讥笑"部分"而推崇"整体"。在我们今天的现实生活中,黑格尔的忠实信徒大有人在。对"整体大于部分之和"这一古老而又有点神秘的命题,有些人盲目虔诚地顶礼膜拜并强行应用于生活。什么"人多力量大""集体阳光道,个体独木桥",还有什么"大集权""大一统"等,似乎"大""统""整体"是无条件优于部分的,整体的功能一定会大于部分功能的总和。

中国有句古话,叫"两极相通",盲目迷信辩证法,结果常常投入形而上学的怀抱。

昔日奉行"一大二公"的农村,经济发展缓慢,农民叫苦不迭;今日实行"家庭承包"的农村,却充满活力生机,经济和社会的发展令人惊喜。"大"与"小"、集体与个人、整体与部分的功能状态如此"倒挂",以至于我们可以得出这样的结论:盲目推崇"整体大于部分之和"这个古老命题(当然不止这一个原因),给我们的建设事业(包括人口)造成了不堪回首的悲剧;同时,我们似乎、也可以大胆地提出一个新的命题:"整体由部分构成,整体小于部分之和。"只要稍加注意,我们就能够在经济、生活、政治、思想等领域见到"整体小于部分之总和"的现象(机构臃肿、人浮于事就是如此)。

我们认为,"整体等于部分之和""整体大于部分之和""整体小于部分之和"这三个命题,应该是互补的。只有三者的统一,才能如实、全面地反映整体与部分之间在功能上的复杂关系。

(二)数学魔方的启示

不难发现,盲目信奉"整体大于部分之和",在思维方法上犯了一个逻辑跳跃的错误,那就是忽视了整体与部分之间多种组合结构的逻辑关系。

事实上,在整体与部分之间并非唯有一个组合结构,而是存在着近乎无限的组合结构、组合形态、组合方式等。这里,我们不禁想起了数学魔方的妙处。比如,人们要求得一个常数为 15 的魔方(系统的功能目标),那就可以通过 1~9 的自然数(系统的元素)的不同组合形态和方式来实现:

$$8 \quad 1 \quad 6$$
$$3 \quad 5 \quad 7$$
$$4 \quad 9 \quad 2$$

这个整体组合方式,就揭示出了实现常数 15 的功能目标,至少可以有 8 种亚整体组合方式。至于"1、2、3、4、5、6、7"这 7 个音符,更是可以组合成无穷美妙的乐曲。由此我们引申出一个原理:在环境、元素确定不变的前提下,一个功能目标是可以通过不同的组合结构和方式来实现的,即同功异构、同功异态。

当然,更多的是异构、异态、异功的现象。如果把上述原理运用于分析过去农村工作的失误、总结改革的经验上,那就能引出不少发人深思的有益启示。而且对于克服"大一统"、线性、僵死教条主义的思维方式,也有一些重要的方法论意义。

我们虽然不敢轻易断定"一大二公""大锅饭"式的经济体制、经济活动的组合方式是我国目前条件下最无效、最劣等的组合形态,但我们也同样不敢贸然肯定现在的"包产到户""承包制""个体经营"等经济活动的组合形态就是我国在目前条件下最富有成效、最优化的。因为,按照多样化组合原理,无疑还会有其他一些组合形态尚未被发现和利用,其中也许还有更有利于发挥潜能的优化组合形态。既然可以通过丰富多样的道路、途径、形态、方法来实现同一个动能目标,我们为什么非死守一条胡同不可呢?改革也应该是多样化的,不可只采取一种办法,搞"一刀切"。

然而,我们有些同志,全然不知事物的发展和我们的理想目标也可以通过多种多样的道路来实现的常识。当我们变革事物的原有组合形态,实行更优化的新的组合形态时,即使事物的根本性质尚未发生整体性变化,他们也会惊呼:"不得了,社会主义倒退到资本主义了。"其实,"条条道路通罗马",笔者所阐述的,并不是脱离现实的荒谬言论。人类社会的文明和进步,正是由无数条不同的"江河细流"汇聚而成的。试问,一般的、抽象的"社会主义",不是只有通过丰富具体的组合形态,才能存在和表现出来吗?社会主义事业的建设过程、发展过程,也是一个不断进行多样化的"具体尝试"和连续"组合"的过程。唯其如此,它才能保持自己的青春和活力。

从结构和功能的关系来分析,改革的实质不在于简单地改变社会的基本性质和我们所追求的理想目标,而主要在于改革和转换经济、政治、管理、观念、生活等领域的活动结构、活动形态,以求培育出一系列优化高效的运行机制。应该说,重新组合活动状态,重新选择运行机制,这是改革较为深层的时代性意义。可以断言,正在深入开展的我国农村和其他领域的这场变革,其贡献和作用,远远不只是物质生产量的有形增长,更具有历史性的影响:它创造出了我国人民从事物质生产和经济、政治活动的组织方式和组合形态。这不但巩固了改革的成果,而且引导着改革走向更广阔的新天地。这就是说,眼前的改革使中国人旧的活动方式、组合形态开始终结,新的活动方式和组合形态逐渐勃兴。

温州短短9年来的改革实践,使得这里的整个经济和社会结构形态、人们的活动和行为方式,开始发生想象不到的深刻变化:所有制结构、生产结构、产业结构、消费结构、心理结构、文化结构、生活结构等,都已经或正在大规模地、多层次地呈现出由单一向多样、由静态向动态、由点向面的时代性跃迁的局面,从而比较成功地启动了温州从传统农业向现代化农业、从自然经济向商品经济的转变。

温州的改革实践说明:农村这场改革,已不只是沿着单纯增加粮食、解决温饱问题的旧思路滑行,而是农村整个经济和社会生活的"大组合",是农村各种结构形态的"大选择",是发展可能性空间的"大开拓"。

(三)优化组合的根据和特性

我们断定一个事物、一个系统有多样性结构和组合形态,并不是毫无科学根据的异想天开,而是具有确信无疑的客观依据的。

世界上的任何一个有机事物,都可以说是一个相对独立的系统,而任何一个系统内部的和外部的各种元素、成分、关系,都存在着一定的空间排列结构、数量搭配分布和空间发展序列,它们的立体组合方式和相互作用的全部关系,是丰富多样、流动可变的。

正是这种组合的多样性和可变性,造就了这个千姿百态的世界。人类改造世界的实践活动,并不创造出什么物质元素和物质能,但为什么能利用一定的原料和手段,改变周围的物质客体,创造出绚丽多姿的人造客体呢?答案只能是:为数不多的生成元素可以组合成不同的结构、形态,产生出不同的作用和功能。物质世界是这样,人类社会也是如此。社会组织和社会关系是人类为了自我生存和发展而建立起来的一个复杂多变的巨大系统。各个历史时代及其社会形态之所以相互区别,首先就是由于各自在组合形态上的区别;新的社会形态之所以代替旧的社会形态,也首先是因为新的社会形态在组合方式上优于旧的组合形态。

由此看来,没有丰富多样的组合,就没有自然界的千变万化,就没有人类社会的文明进步,人类也就无法改造世界。从一定意义上说,自然界的运动过程、人类的一切活动过程、社会的进化过程,就是一个不断组合的过程。一个社会的变革时期,无非是这个社会超常规地寻求、更换结构形态的"大组合"时期。

那么,为什么要进行"优化组合"呢?因为,任何一个组合过程,都是新陈代谢、优胜劣汰的过程。只有优化的组合形态,才能释放并扩大系统的功能,才能高效、富有活力,才能生存和发展下去。当然,优与不优是相对的,一般以系统自身为标准:凡是有利于系统的稳定、有序、生存、发展、高效的特征,都是优化的特征。从这种含义上讲,无论无机界、有机界还是人类社会,都普遍存在着优化现象。如生物界的适者生存、优胜劣汰,就是优化原理的生动体现。有人类参与其中的系统,还与人的需求性、价值观、目的性有关联。因此,是否优化大都是相对于该系统自身的发展需要和人所赋予该系统的目的性而言的。

大致说来,一个系统的优化组合,其特性表现在以下几个方面。

第一,自主性。这就是说,优化系统必须具有自我组织、自我保存、自我调控、自我决策、自我发展的能力和"权利"。否则,系统的结构、功能会由于被动、盲目而失去灵敏度,不可能实现积极、主动的结构形态优化,从而发挥高效的功能。

第二,多样性。由于在结构和功能之间存在着复杂多变的组合形态,不同的结构可以产生出相同或有优劣差异的功能,因此,应该尽可能采取多样而又优化的结构组织和组合方式,以保证优化选择、优化决策。

第三,开放性。我们知道,任何封闭系统,都有熵自发增大的趋势。这种系统的组织化、有序化程度由此而降低,并很快会衰变解体。为了维持系统的稳定,保持优化的结构和功能,就必须源源不断地从环境中输入负熵流(信息),以抵消熵自发增大的趋势,使系统各部分按一定结构和秩序稳定、协调、高效地运转并释放优化的功能。这就要求系统必须始终是开放的。组织化、有序化、优化程度越高的系统,其开放程度也越高。

第四,变动性。我们说优化系统应该是稳定的,但"稳定"不等于说就是静止、僵死的,而是指动态的平衡。静态僵化的系统不是真正的系统,更谈不上是优化的。由于系统的各个元素、结构的各个成分无时无刻不处在相互干扰、相互关联、相互撞击之中,而且系统与环境也始终在相互制约、相互交流、相互干涉,因此,任何一个有生命力的系统都具有变动性、流动性,并在不断的运动变化中求稳定、求发展。而且,随着条件的较大改变,原来旧有的系统一旦从根本上失去了生存的价值和优化的可能,就应该不失时机地解除旧形态的系统,培育和创造更有生命力、更为优化的新形态的系统。这是一种新质态的、飞跃性的变动。

总而言之,优化组合意味着新陈代谢,意味着生存、活力、生机、发展和进步。社会主义的优越性,在很大程度上是一种组合的优化,高明的领导、正确的政策、良性的体制、科学的管理、高效的生产劳动……都在于寻找、设计、引导、控制和推行优化的组合系统。改革开放无非是这种组合的象征或代名词。我们不但现在需要寻求和推行优化的组合,而且应该义无反顾地、无限地去寻求、推行优化的组合;我们不但需要经历一场脱胎换骨的自我组合,而且还要经受一次次步入世界大组合的考验。因此,联系国际和国内的变革实践,深入思考一下在结构与功能之间隐藏着的无穷的奥秘,树立"优化组合"的新观念,宣扬"组合哲学",不但有着无可争辩的理论价值,而且对于指导改革实践,也有着显而易见的现实意义。

九、附　录

论代价①

"代价"现象、代价与进步、代价与改革的关系等问题,是尚未引起理论工作者普遍关注的课题。然而,改革实践却一再把它推到人们的面前。例如,改革的进程要不要付出一定的代价,怎样看待改革过程中出现的问题和利弊得失,等等,都直接与怎样看待进步的代价、改革的代价有关系。因此,探讨代价现象,帮助人们树立正确的代价意识,有着一定的理论和实践意义。

1. 代价的含义及其普遍性

"代价"概念的基本含义有两层:第一层是指事物在产生和发展过程中所消耗掉的那些既存的事物、条件。比如,某事物、某条件、某能量成了另一事物产生和发展的基础、前提和依据,那它们就成了这"另一事物"的"成本代价"。第二层是指事物在发展过程中,人们在行为活动过程中出现和产生了与主体人的价值目标相反的否定性现象。比方说,某种药物是为了治某种病、保护人体健康的,但它可能会有一定的副作用,又于人体健康不利。再如,我们的改革是为了兴利除弊,但在改革过程中也会出现一些消极现象。对此,可简称为"问题"意义上的代价或者狭义上的代价。

代价现象是一种客观的普遍现象。世界上任何事物的发展和进步,都是

---

① 我在温州挂职期间,感到人们之所以对"温州模式"争论不休,以及当年普遍存在"拿起筷子吃肉,放下筷子骂娘"的社会现象,是因为理论上有两个重要问题没有讲清楚。这两个问题就是:事物是如何发展进步的? 人们该如何看待改革开放、温州发展实践中的进步与代价的关系? 为此,我专门撰写了《论代价》一文,这篇文章引起了较大社会反响。文中直接以温州为例来说明我的观点。此次附录于后,自然亦是十分合适的。

以消耗一定"成本"为前提的;而任何事物及其发展过程,对主体人来说,都会产生和存在利弊的双重性。物质不灭和转化规律、能量守恒定律和新陈代谢规律,都充分证明了事物的发展和进步必然是以"牺牲"一定"条件"为代价的。不但如此,事物都是矛盾的对立统一体。事物一旦进入主体与客体的关系之中,即作为对象性的存在物,必然会产生一定的功用、利害等价值关系。凡事有利、有积极的一面,同时必然会有弊、有消极的一面。

总之,代价现象具有客观性和普遍性。进步与代价(或发展与代价)可以作为一对哲学范畴(起码是一对历史、社会哲学范畴)来研究。

2. 改革与代价

资本主义在短短的几百年时间里,创造了巨大的社会财富,使社会生产力、社会文明发展到了一个新的历史水平。但在发展和进步过程中,资本主义社会不可避免地付出了巨大的、沉重的代价。比如,严重的贫富分化、尖锐的社会对立和矛盾、剧烈的社会动荡和冲突、普遍的心理危机、大量的社会犯罪,等等。

社会主义制度的产生,在一定意义上说,正是为了避免社会发展中的这些剧烈的痛苦和冲突。但社会主义在发展过程中不付出一点代价,是不现实的。对社会主义抱不切实际的想法或求全责备的态度,都是不可取的。今天的改革也是这样。改革,毫无疑问是一项具有深远历史意义的社会系统工程,但在改革中不可能不存在或出现一些问题,不可能不付出一些代价。改革本身是一项兴利除弊之举,但在改革中也必定会有弊端与过失。

举例来说,我国南方沿海某一农村地区①,自十一届三中全会以来,在党的建设有中国特色的社会主义的总目标和改革开放政策的指引下,结合当地实际,逐步在实践中探索着走出了一条农民依靠自己的力量,通过集体、合作经济,以及个体经济和家庭经营方式,发展工业和商品经济,短时期内脱贫致富的新路子,这一做法充分调动和激发了农民的生产积极性,较快地使该地区实现了由自给自足的自然经济向具有一定的专业化、社会化程度的商品经济②的转化,使长期处于停滞或缓慢发展中的社会生产力得到了较快的发展。

---

① 指浙江温州地区,1986 年 6 月至 1987 年 7 月,笔者恰好在温州挂职锻炼。
② 当年尚未采用"市场经济"的提法。

同时,人们在精神面貌、科学知识、文化生活、思想观念和生活方式等方面,也都有了积极的进步。但是,这一地区的经济、社会发展也不是完美无缺的,它的进步也不是没有付出一定代价的。比如,个体经济、私人经济的发展,与集体经济和国有经济在人、财、物等方面都会存在一定的矛盾;允许私人经济发展,就得允许雇工现象的存在;一部分地区、一部分人先富起来,但同时也出现了一些收入差距过大的现象;个体经济责、权、利直接统一,致富动力大,但在管理制度不健全的条件下,他们中的一些人又会钻空子,搞"假冒骗"(产品)或"偷漏欠"(税);家庭工业使农村大批剩余劳动力找到出路,使农村生产得到较大发展,但又可能会使种植业发展缓慢或萎缩;物质文明丰富了,生活水平提高了,但也为迷信活动和红白喜事铺张浪费提供了物质基础。这一过程的确是在利弊得失的矛盾冲突中实现的,是付出了一定的成本和代价的。这里有不合理的"代价",但有些是不可能完全避免的。如果不准备、不允许付任何一点代价,这个地区的经济、社会发展和改革就不可能取得任何进步。

历史总是在艰难地付出一个又一个代价、排除一个又一个障碍后向前发展的。社会文明不是无代价直线式、单一式地向前发展的。事物的发展、社会的进步,正是通过种种代价而开辟前进的道路的。内在的、合理的、不可避免的代价,构成了事物自身发展过程中不可缺少的环节和运动状态,实质上它是以否定或反向形式表证着事物的发展和进步。我们的改革过程、社会主义的发展过程,同样不可能不付出一定的代价。否则,它们就不可能有发展。我们要建立社会主义公有制经济,但在相当长的历史时期内,还必须在公有制为主体的前提下发展多种经济成分,允许个体经济、私营经济的存在;我们要坚持按劳分配的原则,但又不得不允许事实上存在非按劳分配的方式;我们要实行对外开放的基本国策,但同时不可避免地会带来一些不尽如人意的东西;我们要通过改革改变旧的经济体制,建立新的经济体制,但又不可避免地要经历一个"新旧转换"的"阵痛"时期。

3. 要有正确的代价意识

"代价"是事物发展过程中的客观现象,但我们并不由此就无原则地为失误、代价、弊病、问题作辩护。在代价问题上,我们既是唯物主义者,又是辩证论者。

首先,要树立事物的发展、社会的进步、改革的过程必然会有代价的"代价意识"。我们的改革,是为了革除旧体制中的弊端,建立充满生机和活力的新体制;是为了调动人们的积极性,促进生产力的迅速发展;是为了提高人们的生活水平。所以,改革本身是进步之举。但在改革过程中,由于种种主客观原因,又不可避免地会出现一些问题、过失、漏洞,需要付出一定的代价,在某些环节上甚至会出现一定的风险。但有些人往往将改革理想化,以为改革一切都是完美无缺的;只能有利、有得,而不能有弊、有失;只能正确,不容半点失误,对改革要求苛刻,求全责备。一旦改革中出现一些不尽如人意的地方,各种指责、怨言就纷纷涌来,甚至动摇改革的信心。这就是缺乏代价意识带来的认识上的偏颇和行动上的摇摆性。如果有了代价意识,就能估计到改革的曲折性、复杂性,从而提前做好思想准备,积极有效地采取措施解决问题,完善和推进改革。

其次,要在质上和量上区分必然的、合理的代价与非必然的、非合理的代价。我们不但要承认代价的客观性,而且要对各种代价现象作历史的、具体的分析。事实上,在社会历史领域和人们的活动领域,有些代价是事物发展所内在必需的,是不可避免的,是"付"得合情合理的,而有些代价并不是事物发展所必需的,是由于不应该的失误造成的,是可以避免而没有避免的。因此,要区分内在的与外在的、必然的与非必然的、不可避免的与可避免的、合理的与不合理的代价。比如,发展商品经济和实行各种形式的经济承包责任制,破除平均主义、"大锅饭",使人们的劳动积极性得到发挥,生产力得到发展,人们的生活水平也有了较大提高。但由此而来的是人们的富裕程度也拉开了差距,引起了人们心理上的震荡。然而,这种代价在实行按劳分配的社会主义社会具有内在的必然性和必要性,在社会主义的初级阶段更是不可避免的。过去实行平均主义,虽然避免了贫富差距及由此而来的社会心理震荡的代价,但却付出了经济、社会发展缓慢,劳动者失去积极性的更大的代价。

在量上对代价作具体分析,就是要把进步与代价、利与弊、得与失进行量的比较,高于"进步"的"代价"是不合理、不合算的,而低于"进步"的"代价"在原则上是合理、合算的。我们要把这样做的代价与那样做的代价进行量的比较,寻求一个在量上优化的代价。此外,还需要从整体的代价与局部的代价、个人的代价与社会的代价、长远的代价与眼前的代价等方面进行量的分析和比较,最后从总体上得出代价合理与否、必然与否、必要与否的结论。

最后,要正视代价、减少代价。我们承认在一定条件下,某些代价的存在是正常的、必要的和合理的,不可因"弊"废"利",因"代价"废"进步",因"失"废"得",做出像因噎废食那样的蠢事。但这并不意味着可以听任弊病泛滥、代价乱"付",更不意味着可以成为那些不负责任的人为失误或各种错误行为的"挡箭牌"。在代价问题上,共产党人决不持消极悲观、无所作为的观点,更反对对代价漠然视之、津津乐道或推脱人为失误的不负责任的做法。正确的态度和做法是:正视代价,减小代价。但是,改革、进步中的问题,只有在继续改革、进步的过程中,才能真正得到解决。在商品经济发展过程中出现的一些非合理的"代价",如"假冒骗""偷漏欠"等非法行为,要靠健全管理制度去防止它、减少它,要靠加强法制去制约它;那些封建迷信活动和铺张浪费现象,则有待于加强社会主义建设去解决它。

我们承认代价现象的客观性和普遍性,是为了呼唤人们正视代价,科学地对待代价,更自觉地去克服弊端和解决问题,更有效地采取积极措施,防止付出不必要、不合理的代价,尽最大可能和限度缩小那些必要的、合理的代价,以最小的代价,去争取最大的发展和进步。这就是我们的责任。

(本文载 1987 年 9 月 18 日 2 版《文汇报》,发表后被 1987 年第 11 期《新华文摘》等多家报刊转发)

第二章

"温州模式"的文明价值和意义

在全面改革开放的今天,温州又以其独特的方式"一鸣惊人",成为全国几亿人关注的一个"热点"。

的确,温州有许多人间奇迹,充满了难解的"谜",使人感到新奇。正因为如此,它像一块巨大的磁石,吸引着从中央到地方、从领导到专家、从国内到国外数以万计的人来参观、考察和研究。对温州模式,不少人报以怀疑的眼光,也有人觉得不可思议,有人担忧,有人震惊。继而,更多的人似乎有所领悟,觉得温州模式的确有不少值得学习和借鉴的东西。

但是,到目前为止,人们只是更多地关注温州模式的经济意义和实践意义,却忽视了它的思想文化意义和理论意义;更多地看到温州人创造的物质财富,而忽视了温州人同时创造的精神财富。其实,温州人不但创造了物质文明的丰富成果,而且也创造了精神文明的宝贵财富。本章将扼要地探讨一下温州模式的思想文化价值和意义。

温州模式的文明价值和意义具体表现在哪些方面呢?我认为,起码有以下十个方面。

一、温州模式对理论创新的价值和意义

温州模式的理论价值和意义,我们可以多方面、多层次地来进行探讨和剖析。

如果撇开具体的理论意义不说,温州模式的重大理论意义有以下四点。

第一,社会主义建设道路的多样化启示。我们知道,在无产阶级夺取政权,建立社会主义国家之后,如何合乎规律地迅速建设社会主义社会、应该走什么样的建设道路,这在经典著作中是找不到现成答案的。在国际共产主义运动史上,马克思、恩格斯、列宁、斯大林、毛泽东都未能完全解决这个问题。时至今日,社会主义建设的道路问题,仍然是一个有待各个社会主义国家探索、研究和实践的课题。

在这方面,温州模式可以给我们这样的启示:建设社会主义必须从各国各地的实际情况出发,因而社会主义建设的道路和模式,是可以多种多样的,是多元的,而不是千篇一律、只有一个僵死的模式。各个社会主义国家都可以根据本国的特点走自己的建设道路。在我国,就是要走具有中国特色的社会主义的建设道路。而且,一个国家里的各个具有不同特色的区域都应该有自己独特的建设道路和模式。

温州模式和苏南模式一样,是我国不同区域在建设有中国特色、有本地特色的社会主义过程中可供借鉴、可供选择的一种模式。

第二,社会主义的建设道路,特别是经济建设道路,从整体和长远的方面讲,无疑是走以国有经济和集体经济为主体的建设道路。但是,在这种比较集中、统一的经济形式条件下,如何发挥家庭的生产职能,如何调动个体的劳动热情和生产积极性? 这是一个长期被忽视而没有解决的大问题。以家庭经济、联户经济和个体经济为主要特征的温州模式,在这方面做了富有成效的有益尝试。

第三,资本主义国家在实现现代化的过程中,主要是通过城市的工业化。工业化一般是以牺牲农业和农村的发展为代价的,一方面是高度现代化的工业和城市生活,另一方面则是落后的农业和农村生活,这就是所谓的"二元经济"模式。我们的社会主义现代化建设,当然应该吸取人家的教训,尽可能避免出现代价昂贵的城乡发展严重失调现象。

那么,广大农村如何实现现代化?靠国家来投资行不行?完全靠城市来带动行不行?答案显然是不行的。特别是农村人口占全国人口 80%[①]的我国更是如此。正确的选择,只能是广大农村自己走上现代化的建设道路。

温州模式的独特意义之一,就在于广大农民打破了对国家和集体的依赖思想,完全依靠自己的智慧和力量,走出了一条建设社会主义现代化新农村的新路子。

第四,在我国,广大贫穷落后的农村,在生产力水平低下、国家没有多少投资、城市辐射面小、集体经济力量不足的情况下,怎样发展商品经济,怎么解决就业、温饱问题,继而在温饱的基础上,又怎样解决一部分人先富起来并带动人们共同劳动致富的问题呢?

在温州的许多地方,这些问题已经开始逐步得到解决。生产力发展水平处于中间状态和落后状态的广大农村如何在短时间内治穷致富,温州模式可以说有许多可以借鉴的地方。

二、温州模式对激发人的能动性的意义

党和政府的一个根本任务,就在于激发、调动人们的主观能动性,充分调动人们的劳动积极性和创造精神。

几十年的实践证明,过去那种"大锅饭"、平均主义的集体经济和经营方式,束缚和压抑了人们的社会主义积极性和创造性。前些年农村实行联产承包制,使广大农民的积极性像火山一样喷发出来。

而以个体经济、家庭工业和联户经营为基本特征的"温州模式",实际上是联产承包制在更广领域、更高层次上的移植和发展。它不但巩固了联产承包制条件下人们的劳动热情和积极性,而且使这种主观能动性得到了更大程度的发挥。如果说,当年人们的能动的积极性在于发展农业生产,解决温饱问题的话,那么,现在人们的能动的积极性在于发展商品经济,解决致富的问题。

---

① 根据第六次全国人口普查,截至 2014 年年末,农村人口占全国总人口的 50.32%。

个体经济和家庭经营方式,使劳动者和生产资料、决策和实施、生产和流通、经营和管理、生产和分配直接有机地结合起来,取消了介于两者之间不必要的种种环节。劳动者在决策、生产、流通、经营、管理、分配、消费等整个经济运行过程中,都拥有高度的自主权,从而直接感受到了自己的能动的本质力量;看到了自己的力量和贡献、自己的劳动和幸福是密切相关的,因而能够充分唤起自己的主观能动性,发挥生产者的积极性和创造性。

三、温州模式对促进思想观念变革的意义

我们认为,在这样一个历史性的变革时期,不但需要有经济体制和政治体制上的变革,更需要有一个思想观念上的重大变革,并且努力使它们相互配套、相互促进。

从这种意义上讲,衡量和评价新时期各项工作,特别是社会主义精神文明建设、意识形态工作做得如何的一个重要标志,就是看思想观念变革的深度、广度怎样。

温州模式是温州广大干部和群众解放思想、勇于改革、勇于实践、勇于创新、勇于开拓、勇于创造的结果。而温州模式的产生、形成和发展,特别是温州模式所结出的丰硕的实践成果,以及温州模式受到中央领导同志、外地同志的赞许,又极大地强化了温州人改革创新的意识,有力地推动了温州人思想观念的变革。

这几年,温州人在思想观念变革方面最明显的有:过去"左"的思想观念受到巨大冲击,实事求是、从实际出发的观念得到发扬;平均主义、吃大锅饭的观念开始退出历史舞台,靠人才、靠知识、靠勤劳致富的观念开始占据统治地位;墨守成规、安于现状、闭关自守、不求上进的落后观念逐渐被改革开放、开拓创新、积极进取的现代观念所取代;反映自给自足的封闭式的自然经济和小生产的观念逐步被抛弃,而商品经济观念、自主观念、竞争观念、信息观念、人才观念、知识观念、时效观念、冒险观念开始得到树立;等等。

这里,我们着重讲一下易被人忽视的温州人政治观念的进步。商品经济通行的等价交换原则,天然地要求和培养政治上的平等意识、自主意识和民主意识,而与宗法、等级、特权的封建意识相冲突。作为以个体经济和家庭经

营为主体的农村商品经济模式,在温州模式的生产、管理、流通、交换、分配和消费等领域,个体劳动者和家庭主人都具有充分的自主权,这就强化了生产者的自主、平等、民主等政治观念。

温州人政治观念的进步,具体表现在四个方面:

第一,由于生产者的经济活动和实际利益之间存在着直接的相关性,而他们的经济活动又直接受党和国家方针政策的影响,因而他们普遍关心和拥护党的现行的方针政策,这就大大增强了他们的政策观念。

第二,由于他们在经济活动中自我决策、自我控制、自我调节、自我指挥等自主权的加强,以及随着他们的经济实力、经济地位和生活水平的提高,他们开始摆脱了过去的依赖思想和依附观念,使平等、民主、自由、自我认可等观念得到萌生。在温州,有这样一句流行的话:五六十年代是民怕官,六七十年代("文革"时期)是官怕民,80年代是官不怕民,民也不怕官。这从一个方面反映了劳动者民主、平等和自主观念的加强。

第三,随着生产者在经济活动中的地位上升和富裕水平的提高,他们也相应地在社会活动和政治活动中提出了新的要求,因而他们的头脑中开始形成地位观念、名誉(名声)观念、权威观念等政治意识。

第四,他们的经济政治活动,常常涉及法律问题,因而增强了他们的法制观念。

四、温州模式对形成和强化"温州人精神"的意义

温州模式的形成和引起外人普遍关注的现象,使温州人看到了自己的力量,感到无比的兴奋和自豪,对自己所从事的事业和创造的生活充满信心。这就逐步形成了与温州模式相适应的"温州人精神"。

就目前所显露出来的特点看,作为思想观念上的"温州模式",即"温州人精神",其主要内容包括:

第一,热爱温州、关心温州、建设温州的意识,为建成一个高度文明的现代温州而奋斗的精神。

第二,作为创造"温州模式"的温州人的光荣感、自豪感以及进一步完善和发展"温州模式"的责任感。

第三,敢为天下先,"敢吃第一口"的改革开放、开拓创新的观念。

第四,坚持实事求是,勇于唯实不唯书的科学精神。

第五,勇于吃苦耐劳、勤奋拼搏、艰苦创业的精神。

第六,商品经济观念以及相应的其他一系列现代观念。

第七,"小题大做"(小商品,大市场;小规模,大协作;小机器,大动力;小利,大干;小能人,大气魄)的精神。

第八,求新、求异、求多样、求美的意识。

第九,讲实际、讲实惠的意识,重务实、重实践的精神。

所有这些方面,构成了作为一个有机整体的"温州人精神"。当然,"温州人精神"还需要不断发展,不断充实,不断完善。

五、温州模式对促进生活方式变革的积极意义

提倡和形成积极的、健康的、科学的生活方式,是社会主义精神文明建设的一项重要内容。

以个体经济和家庭工业为主要特征的"温州模式",使农民们从生活方式到生活观念都发生了深刻的变化。

首先,农民们的生产和生活浑然一体。过去"大锅饭"式的集体经济,使生产和生活明显分离,现在他们的生产就是他们的生活,他们的生活也就是他们的生产。家庭工业使生产和生活在时间和空间上的距离明显缩小。在温州,农民们的建房结构也体现了生产和生活的有机统一:楼上住人,门前开店设摊,里屋后院办工厂。

其次,农民们的生活视野大大开阔。过去是单一性的,"早晨看日头,白天站田头,晚上坐桥头";现在他们的生活空间扩大,视野开阔了,内容也变化了,由旧"三头"变为新"三头":"去街头,跑码头,看市头"。

再次,生活开始讲究质量,追求高层次,并且"美化"的分量大大加强。他们开始"吃讲营养,用讲高档,穿讲漂亮,住讲宽敞"。许多高档的、现代的生活用品源源不断地走进千家万户;农村姑娘的穿着打扮和城市姑娘一模一样;住房不但宽敞,而且装饰十分考究,有的古朴高雅,有的富丽堂皇。

此外,农民们的生活节奏大大加快,他们一改过去不思进取、墨守成规的

悠闲生活观念,代之以讲效率、讲节奏、讲快乐、求新、求实、求富、求快、求变、求美的现代生活观念。

目前,温州人的生活方式正在向"富、新、美、快、多(样)"以及物质生活和精神生活齐头并进的方向发展。

温州人生活方式的巨大变革,是与温州模式有着直接联系的。

六、温州模式对文化建设的意义

富裕起来的温州农民,对科学知识、科技人才、文化建设和教育事业更为关注。不少农民经营家不但自己学文化、学知识、学管理,而且还花高价送子女到城里上学读书;他们不但乐于花更多的本钱引进人才和技术,而且还愿意掏出钱来办社会公益事业和文化教育事业。

在温州,到处可见农民集资兴办的教学楼、图书馆、影剧院、公园、老人休息亭、旱冰场、游乐场、电视差转台等。农民富而思文,富而思乐,富而思知,富而思才。他们办文化教育事业、社会公益事业也和他们搞生产经营一样,千家万户一齐上,家家出钱,人人出力,自己集资,自己动手来兴办。

看来,在广阔落后的农村,文化教育和公益事业的建设光靠国家有限的投资是远远不够的,而必须多层次、多渠道、多途径地进行。要调动和发挥亿万农民自身的积极性和创造性,而要做到这一点,没有千家万户富起来,是不可能的。

社会主义精神文明建设,特别是科学文化教育事业的建设,能不能也像经济建设那样,实行国家、集体、个人一起上,让一部分地区、一部分人在精神文化生活上也先"富"起来的政策呢?

温州这几年文化教育、社会公益事业的发展实践告诉我们:精神文明建设也可以移植和实行这些政策。这是温州模式给我们的又一个有益启示。

七、温州模式对社会安定团结的积极意义

以个体经济和家庭经营为主要特征的温州模式,在温州农村目前的生产力发展水平下,充分调动了广大农民的劳动热情和生产积极性,使广大农民

日夜不停地投身于发展商品经济的强大洪流之中。

现在,只要一跨入温州沿海区域,商品经济的热浪和百业繁荣的气息就会扑面而来。你会强烈地感受到,这里的男女老少都有自己的事干;这里的家家户户在办工厂、开小店;这里的人人都在跑供销;这里的机器马达轰轰响,车辆川流不息;这里到处呈现出一派繁忙紧张的景象;这里已很少有游手好闲的人,人们也很少有空闲的时间。这里的人们正是在这种紧张忙碌的生活中,得到了快乐,得到了满足,得到了幸福。因而这里的社会治安大为好转,重大犯罪案件和宗族械斗事件大为减少。

这就有力地巩固和促进了整个社会的安定团结,为人们的生产和生活创造了良好的社会环境。

八、温州模式对缩小城乡差距的积极意义

温州农村商品经济是以集镇和集镇的商品市场为依托的。集镇是农村商品生产的基地,又是进行商品交换的市场,同时也是农民获得信息、技术的重要场所。

在温州,家庭工业和商品市场相依为命,相互促进。家庭工业只有依靠商品市场才能完成整个经济运行过程。因而家庭工业和商品市场的发展,必然产生集市贸易。

目前,温州有各种大小市场 415 个,这些市场向着专业化、社会化方向发展。专业市场的兴起,为城镇建设打下了坚实的经济、文化、社会基础。近三四年来,全市建制镇由原来的 23 个,迅速发展到 86 个。集镇人口已达到 147 万,占全市农村人口总数的 25.2%。集镇建设的加强,缩小了工农的差别、脑力劳动与体力劳动的差别、城乡的差别,温州开始出现城乡共同繁荣的新局面。集镇是当地农村经济、政治、文化的中心,是联系城市和乡村的纽带和桥梁。

农村的城市化(集镇化)是现代文明发展的一个重要标志。农村集镇的兴起和发展,对于加强城乡的文化联系、缩小城市和乡村的文化距离、改变农村落后的生活方式、带动和促进农村的文化建设向更高层次发展,都有着重要的积极意义。

今后农村精神文明建设的重心,我认为应该放在集镇的精神文明建设上,以通过集镇的辐射作用,推动农村整个空间的精神文明建设。

九、温州模式对社会富强的基础性意义

温州模式作为一条在较短时间内发展社会主义商品经济和脱贫致富的新路子,使社会生产力得到较快的发展,人们的生活水平有了较大的提高,因而为社会精神文明建设、为社会富强文明水平的提升,提供了丰富的物质基础。这一点是显而易见的,无需我们多加论述。

十、温州模式对人的全面发展的积极意义

人归根结底是目的。马克思曾经指出,共产主义运动本质上就在于促进和实现人的全面的、自由的发展。

社会主义精神文明建设最根本的目的,同样在于通过提高人的政治思想素质、科学文化素质而推动人的全面的、自由的发展。所谓人的全面的、自由的发展,主要是指人的各个方面的本质力量、能力、素质能够得到健康、顺利、自主的发挥和提高。

在温州,遍地开花的个体经济和家庭工业,使千百万农民大军在商品经济这所学校里得到了熏陶、锻炼和培育,各方面的才能得到了施展和发挥。这几年,在生产经营、流通供销等领域涌现出了一大批能人。

温州人正是在发展商品经济的实践中,思想观念发生了深刻的变化,精神面貌更加振奋,思维方式更加开放,知识视野更加开阔,文化生活更加丰富,组织管理能力大大提高,审美能力升华到一个新的水平,心理承受能力得到锻炼,社交能力和活动能力得到发展,人的能动性、创造性、实践性、社会性和自我意识等本质力量都得到了新的提高和丰富。

实践证明,我们绝不能用限制的办法去侈谈提高和发展人的素质,也不能仅仅在抽象王国中去空谈人的全面的自由发展。正确的、基本的方法,只能是通过建设、通过人们的各种活动,在当前,特别是要通过发展商品经济等改造世界的实践活动,来提高、丰富和完善人的素质,促进人的全面的自由发

展。温州人素质的提高,是与发展商品经济的温州模式分不开的。

以上,我们简略地分析了温州模式对温州社会文明进步,特别是精神文明建设的多方面的积极意义。

但是,温州模式自身也不是十全十美的,它也有一个发展和完善的过程,对精神文明建设也客观上存在着某些消极的影响。例如。温州模式突出了个体、家庭的发展和作用,这就容易忽视全局的、整体的、长期的利益,容易滋长自我荣耀、自高自大的以"我"为中心的意识;温州模式强化了经济活动和金钱、物质利益的重要性,这就容易忽视职业道德,淡化人们之间的感情,使某些人容易产生某些"富裕病"等。

然而,温州模式对精神文明的这些消极影响,毕竟是次要的、局部的、暂时的,并且是可以克服的,而它对精神文明建设的积极作用则是全局性的、占主导的。在笔者看来,温州模式下的精神文明建设,应立足于巩固和发扬温州模式对精神文明建设的积极作用,克服其存在的消极影响。扬其所长,避其所短,逐步形成与温州模式相适应、相配套、相促进的具有温州特点的精神文明发展模式。

第三章
温州人的精神世界

今天的温州,多么迷人,而又多么神奇。

她,迈开坚实的脚步,走上改革的必由之路。

她,张开矫健的翅膀,飞上明媚的广阔蓝天。

她,短短的几年,奇迹般地又一次成为世人瞩目的"热点"。

不过,这次却带有全新的时代特色。

她,短短的几年,奇迹般富裕起来,挥手向贫困告别。

今天的温州,叫人羡慕,更令人思索。

改革、搞活、开放、突破、创新;商品经济、个体经济、家庭工业、联户经营、供销大军;发展、成就、问题、不足……人们议论、疑虑、探索。

"路漫漫其修远兮,吾将上下而求索。"

一、人们的议论

十一届三中全会以来,在党的建设有中国特色的社会主义的总目标和改革开放、搞活的总方针的指引下,温州地区的干部和群众从本地的实际情况出发,勇于改革、创新,充分发挥温州地区的优势和特长,创造性地贯彻和实行党的国家、集体、个人一起上,允许一部分地区、一部分人先富起来的政策,沿海一带在农村逐步摸索出了一条发展商品经济、依靠自己的力量治穷致富的新路子。这条新路子被人们称为"温州模式"。

"温州模式"的主要特点是:在各种经济成分上,以集体经济为辅助、个体经济为主体;在经营方式上,以家庭工业和联户经营为主要形式;在经济运行机制中,以生产经营能人和 10 万供销员为主力,以专业市场、小商品市场和小集镇为基地,以流通促进生产;在产品上,以拾遗补阙和"小而专"见长;在分配上,以按劳分配为主,多种分配形式并存;等等。七八年的实践证明,独树一帜的"温州模式",适应温州(其实它的意义不仅仅局限于温州)农村现阶段生产力发展水平和农民的思想觉悟,因而能够较大限度地调动和激发劳动者的生产积极性和创造性,较快地实现由传统的自然经济向商品经济的转化,使农村大量的劳动力从狭小的土地上和落后的经营方式中解放出来,通过发展工副业和商品经济,很快富裕起来。从城镇到农村,处处都让人感受到商品经济发展起来后百业兴旺的繁荣景象。在这里,街道企业、乡镇企业、家庭企业如满天繁星,数以万计;个体经济、私人经济如春潮澎湃,发展迅猛;专业市场和小城镇如网上纽结,星罗棋布;十分考究的新建住宅如雨后春笋,拔地而起;人民的生活水平更似芝麻开花——节节高。

是的,温州的商品经济以其特有的路子和形式,奇迹般地发展起来了。温州人民通过自己辛勤的拼搏和劳动,迅速地富起来了。那么,在富裕了的温州,人们的思想觉悟又怎样呢? 社会风尚、道德品质、精神生活又怎样呢? 这些问题,一直是近年来人们议论"温州模式"的主要话题。

有人说,温州商品经济发展了,物质文明提高了,精神文明也提升了。现在温州政治和经济形势、物质文明和精神文明建设,是新中国成立 30 多年来最好的时期之一。

有人说,温州商品经济的发展和物质文明的提高,是以"牺牲"精神文明为代价的,温州商品经济主要是靠"假冒骗""偷漏欠"等邪门歪道搞上去的,温州的精神文明不但没有发展,反而"退化"了。

有人说,温州搞的是资本主义经济,性质和方向有问题,根本谈不上有什么社会主义精神文明。

有人说,温州个体经济、私人经济的发展,冲击了集体经济、国有经济;他们富了自己,空了集体,穷了国家,哪里还有精神文明?!

有人说,存在决定意识,从事个体经济和私人经济的人必定是自私自利、唯利是图的。

有人说,温州有那么多雇工,有那么多人在受剥削,这不是文明的倒退吗,不是光明变昏暗了吗?!

也有人说,温州物质文明是"万元户",精神文明是"贫困户",两个文明不协调。

不论是温州本地人,还是外地的同志;不论是干部,还是群众;不论是专家学者,还是一线工作者,都议论纷纷,各抒己见,认识不完全统一,观点不完全融合。

我们认为,之所以产生上述种种不同意见,其根本原因,既是人们对社会主义精神文明的标准掌握有差异,也是人们对温州精神文明建设状况实际材料占有多寡的不同导致的。此外,也是人们思想观念的新旧和思想方法的全面与否不一致造成的。

我们不想给读者一个绝对肯定或否定的答案,只是力图比较客观地反映和概括温州改革开放以来人们精神世界的变化,并努力将理论和实践相结合,探索改革开放、商品经济、物质文明的发展对温州人精神世界的作用和影响。

当然,在此基础上,我们将对温州人的精神世界、温州的精神文明状况做出自己的评价。

二、物质文明中的精神价值

近年来,温州在物质文明上所取得的成就,人们已经是有目共睹,无多大争议了。但在对精神文明成果的评价上,人们则贬褒不一,意见分歧很大。我们认为,物质文明成果本身,应该成为评价精神文明建设的基本尺度之一;物质文明成果中内在地包含着的精神价值,应该成为人们评价精神文明建设成果的一个不可忽视的重要依据。我们并不认为物质文明就等于精神文明,但我们更应看到两者在现实生活中是辩证统一的。我们同样不认为物质文明上去,精神文明的各个方面就会自然而然地上去,但我们更不认为富丽堂皇的精神宫殿,可以建筑在贫瘠的物质沙漠之上。

(一)物质文明与精神文明的辩证统一

人类文明发展史告诉我们,精神文明的进步,必然会促进物质文明的发展,也总会这样那样地、多方面地推动物质文明的进步。正因为如此,当我们步入温州人的精神世界之前,先看一看他们所取得的物质文明的成果及其所包含着的精神价值,就很有必要了。

马克思主义认为,物质文明和精神文明是人类文明整体中相对独立、但不是彼此分离的两个方面。就其一般意义上说,一个社会的物质文明的发展,离不开精神文明的进步。反之,一个社会精神文明的进步,同样离不开物质文明的提高。物质文明和精神文明都是人类生产劳动和社会实践活动的积极成果。物质文明是人们在劳动实践中认识世界和改造世界能力的有形(硬件)成果;精神文明是人们在劳动实践中认识世界和改造世界能力的无形(软件)成果。正是在改造世界的实践活动中,社会的物质文明和精神文明才不断地得到丰富和发展。

物质文明和精神文明的统一性,是由生产实践的特点所决定的。人类的劳动实践不同于动物活动的基本特点,在于它的意识性、目的性、能动性和创造性。人的任何实践活动,都包含物质的和精神的两大要素。实践活动是主观见之于客观的物质过程。实践成果是主体人的精神世界的对象化,是对实践意图的确证。

因此,没有脱离一切物质条件的精神生产和精神生活,也不存在脱离一切精神因素的生产劳动和社会实践。人们在进行物质生产的活动中,既有体力的支出,又有脑力的消耗。另一方面,精神文明作为由经济基础所决定的上层建筑的一个重要部分,必须渗透到物质生产领域,为经济基础服务。

既然如此,我们可以得出这样的结论:物质文明和经济建设的成就中必然体现和凝结着精神文明的成果;物质文明是精神文明建设的前提和基础,同时也是精神文明的客观化的体现;精神文明建设搞得好不好,一个重要标准,就是看物质文明和经济建设是否发展。我们不能离开这个基本点,去空谈精神文明建设、去片面地评估精神文明建设。

正因为物质文明和精神文明在生产实践中具有直接的统一性，两者是相辅相成、相互促进的，所以，我们必须始终坚持"两个文明一起抓"的战略方针，以经济建设为中心，大力推进社会主义物质文明和精神文明建设。

（二）物质文明的丰硕成果

那么，温州这几年来的物质文明建设状况如何呢？

过去的温州，社会生产力发展缓慢，人民生活贫困落后，社会动荡不安。1949 到 1976 年的 26 年时间里，温州工农业总产值只翻了 1.86 番，年均递增率只有 5.2％，其中工业总产值年均递增率仅有 0.1％。温州农民人均年收入长期停滞于几十元的贫困境地。

1979 年以来，随着农村改革的步步深入，温州沿海一带农村率先将农业联产承包责任制运用于发展家庭工业中，"温州模式"脱颖而出，农村工副业、商品经济迅速发展。温州农民终于找到了一条依靠自己力量发展经济、治穷致富的新路子。短短几年工夫，广大城乡的经济面貌和社会物质生活发生了深刻的变化。

这些变化概括起来，主要有以下几点。

第一，工农业生产得到快速发展。1977 年至 1985 年全市工农业总产值 8 年翻了两番。1977 年全市工农业总产值 14 亿元，1982 年全市工农业总产值 28.3 亿元，翻了一番。1985 年全市工农业总产值达到 57.75 亿元，又比 1982 年翻了一番。"六五"时期，全市工业产值由 1980 年的 14.1 亿元上升到 1985 年的 32.6 亿元，增长 1.3 倍；农业产值由 1980 年的 11.4 亿元上升到 1985 年的 25.1 亿元，增长 1.2 倍。1986 年全市工农业总产值达到 65 亿元，比上年增长 12.6％。

第二，国民收入大幅度增长。全市财政收入 1976 年是 0.37 亿元，1977 年是 0.81 亿元，1980 年是 1.1 亿元，1982 年是 1.94 亿元，1985 年达到 3.93 亿元；1977 年到 1982 年全市财政收入翻了一番，1982 年到 1985 年又翻了一番。1986 年全市财政收入达到 5.03 亿元，又比上年增长了 24％，特别是农村家庭工商业户上交的税收比重越来越大。1985 年光十大商品产销基地上交国家的税收就达到 7456 万元，占全市税收总额的 21％，而且还为集体提供了 2000 万元的公共积累。据统计，苍南县金乡、宜山、钱库三个专业市场和商品产销基地上交的税收,就占该县财政收入的70%以上。乐清县的柳市区,1985年税收达到2900万元,占全县财政收入的60%以上。商品经济和家庭工业的发展,为国家增长了收入,为"四化"建设做出了贡献。

第三,人民生活很快富裕起来。据抽样调查,1985年全市人均收入417元,比1980年增长了两倍。全市农民人均收入从1977年的55元,增长到1985年的447元。1985年的农民人均收入比1984年的344.8元增长29.7%,比1980年的165.2元增长1.71倍,比1985年全国人均收入397元多出12.6%。1986年全市农民人均年收入508元,比上年增加61元,增长了13.7%。据1985年统计,贫困型(人均年收入200元以下)农户,由占总农户的17.5%减少到7.5%;温饱型(人均年收入200~500元)农户由占总农户数的69.9%减少到61.8%;而小康型(人均年收入500~1000元)的农户,由占总农户数的15%上升到28%;宽裕型(1000元以上)的农户由占总农户数的0.4%上升到3.1%。特别是家庭工商业发达的沿海5个县,年收入万元以上的专业户比比皆是,年收入超过10万元的也为数不少。永嘉县桥头镇"万元户"占80%。苍南县的宜山、钱库、金乡80%以上的农户盖了新楼房。小小的乐清县,竟拥有2000多辆私人摩托车,不少农民还购买了小汽车。至于一些现代化生活用品,在农村早已不稀罕了。

第四,劳动力结构、产业结构发生变化,就业门路扩大。1986年年末温州户籍总人口636.21万,其中农村人口547.35万,城镇人口88.86万。农村耕地面积284万亩,人均占有耕地仅0.46亩,人多地少,劳动力过剩。农村商品经济的发展,大大促进了农村剩余劳动力向非农产业的转移,从而使劳动力结构和产业结构发生了根本性的变化,创造了大量的就业机会。1978年全市农村的180万个劳动力中,160万个(占88.9%)从事农业生产,只有20万个(占11.1%)从事工副业生产。1985年全市农村的210万个劳动力中,从事耕种经营的劳动力下降到60万人(占28.6%),而从事工副业的劳动力则增加到132万人(占62.9%)。其中进入乡村工业的有44万人,开办家庭工业的有33万人,从事个体商业和供销的有25万人,劳务输出的有30万人。这样,温州城乡解决了近100万人的就业难题。

温州个体经济异军突起,发展迅速,全市涌现出了超过14万个家庭和联户企业、10多万人的购销员队伍、7万多个体商业户。1985年全市国营工业总产值比上年增长10%,集体工业增长45%,而村及村以下的工业、城镇个体工业则增长 81.4%。1985 年全市工业总产值有 42.23 亿元。国营工业在全市工业总产值中的比重下降到 18.37%,集体工业是 54.16%,个体工业则增长到了 27.47%。全市个体商业,1985 年零售总额超过 5.2 亿元,占全市社会商品零售总额的 27.5%。1985 年全市农村工业总产值 18.5 亿元,比上年增长 37%,占全市工业总产值的 46%,占农村工农业总产值的 73%。1985 年全市共有家庭工厂 10.7 万个、联户工厂 2.5 万个,两者就业人员共有 40 多万人,产值 11.4 亿元,占农村工业产值的 61.5%。民办商业总额也已同农村国营商业的零售总额持平。民办运输的产值则占农村运输总产值的 70% 以上。民办饮食的营业额也占到农村饮食业营业总额的 70% 以上。

与农村劳动力结构变化相联系的是农村产业结构的相应转变。1978 年温州农村总产值 6.64 亿元,其中种植业产值占 64.4%,工副业产值仅占17.5%;而到了 1985 年,在农村 25.3 亿元的总产值中,种植业产值比重下降到 25.3%,工副业产值比重则上升到 65.3%。民办工业、家庭工业的兴起,带动了第三产业的迅速发展。1984 年各种专业户有 10.57 万户,占全市总农户的 8.3%,其中从事第一产业(农业)的专业户有 1.72 万户,占 16.3%;从事第二产业(工业、建筑业)的专业户有 6.34 万户,占 60%;从事第三产业的专业户有 2.51 万户,占 23.7%。1985 年农村从事第三产业的人员共有 26.9 万人,占农村总劳动力的 12.8%。

第五,市场的繁荣和活跃。随着商品经济的发展,温州市形成了十大商品专业市场和 400 多个小商品市场。同时,出现了金融市场、技术市场、劳动力市场、信息市场、生产资料市场等,从而初步构成了温州区域性的大小市场相互配套、各种市场相互交错的"市场群"。它们与家庭工业、联户工业互相依存、互相促进。1979 年全市大小商品市场只有 117 个,1981 年发展到 251 个,1985 年发展到 417 个,1986 年又发展到 472 个。现在这些市场年成交总额已超过 12 亿元,占全市商品市场成交额的 62%。日均上市达45 万人次。

另外,全市还有 10 万多名供销员分布在全国各地。市场的繁荣和活跃、供销员队伍的庞大,带动了十大商品产销基地和千家万户家庭工业的蓬勃发展,畅通了温州与全国 20 多个省区市的流通渠道。

第六,集镇建设和城乡开始一体化,为缩小城乡差距加快了步伐。温州家庭工商业的迅速发展,导致了大批新兴集镇的形成。1983 年全市建制镇只有 24 个,目前已发展到 88 个。据初步的调查统计,1979 年至 1985 年,这些集镇共建住房 1029 万平方米,建设道路 416 平方米,建造商品市场 149 个,自来水厂 84 个,中小学 154 所,影剧院 82 座,此外还建了医院、电视差转台、文化馆,等等,总投资 14.9 亿元。其中群众集资 11.84 亿元,占了总投资的 79.46%。

小城镇的崛起和发展,吸收了农村大量剩余劳动力,使其在集镇就地转入非农业领域,从根本上改变了过去工业化只在城市推进、广大农村和农民很少介入的状况,有效地避免了资本主义国家工业化过程中大量农村劳动力流入城市的不良后果,从而使城乡分割、工农分割的局面开始真正被打破,为缩小"三大差别"①迈出了坚实的一步,使城乡进入了共同发展、共同繁荣的新时期。

温州这几年商品经济迅速发展,社会生产力较大提高,经济建设步伐加快,农村劳动力大面积转移,产业结构大幅度调整,人民生活水平不断提高,城乡面貌明显改观,所有这些变化,都是物质文明的丰硕成果,同时也包含和体现着丰富的精神价值。

(三)物质文明中的精神价值

从温州这几年经济建设和物质文明建设的成果中,我们可以同时看到以下几个方面的精神文明意义。

第一,充实和丰富了精神文明的物质基础。历史唯物主义告诉我们,任何时代的精神文明都必须建筑在一定的物质基础上。马克思、恩格斯曾经指出,人们首先必须吃、喝、住、穿,然后才能从事政治、科学、艺术、宗教等精神活动。所以,直接的物质的生活资料的生产,以及一个民族或一个时代一定的经济发展,便构成整个社会生活的基础。人们的思想观点、意识形态、科学艺术、文化生活等,都是从这个物质基础上发展起来的。

离开了物质生产和物质文明,就根本谈不上精神文明建设。古人讲的"仓廪实而知礼仪,衣食足而知荣辱",也是有一定道理的。思想建设是这样,文化建设更是如此。科学技术、文化、教育、广播电视等,都要依赖于物质条

---

① 指工农差别、城乡差别、脑力劳动和体力劳动的差别。

件。温州这几年生产的发展、物质文明的提高,为现在和今后的社会主义精神文明建设提供了良好的物质基础。

第二,物质文明中内含的精神价值。这些经济建设成果和物质文明,直接蕴藏着温州人民勤奋劳动、艰苦奋斗、积极进取、开拓创新的精神和品质;表现着温州人民驾驭商品经济、改造客观世界的智慧和能力;包含着温州人民的科学文化知识;体现着温州人民合作互助,共同发展,为祖国现代化建设多做贡献的可贵精神;凝结着温州人民为追求国强民富、幸福生活、美好未来而拼搏奋斗的高尚理想。

第三,物质文明中内含的社会文明价值。温州正是在物质生产发展、生活水平提高、就业门路扩大的过程中,创造了城乡百业鼎盛、欣欣向荣的局面。人民安居乐业,社会安定团结,治安状况大有好转。

第四,物质文明中内含的时空文化价值。劳动力和产业结构的转变、市场的活跃、小集镇的兴起,为人们的精神文化生活提供了更广阔的空间和更多的时间,提供了更多的机会和可能。

第五,从广义上讲,物质文明本身也是一种文化。高水平的社会生产力、高程度的物质文明,总是体现和标志着一种更高水平的社会文化形态。商品经济是一种比自给自足、封闭的小农经济更高级的文化形态;现代化的大工业是一种比手工工业更高级的文化形态。温州沿海一带农村近几年内所创造出来的丰富的物质文明成果,所实现的由自然经济向商品经济大面积的转变,所出现的由单一农业结构向工农业合一型产业结构的转变,所初步显露出来的农村村落向集镇化方向发展、集镇向城市化方向发展的势头,以及随着劳动力结构的变化,农民广泛接触社会、接触现代文明而带来的农民素质的提高,传统农民形象的改变等现象,都标志着新的物质文明本身也包含着历史性的、时代性的精神价值和文化意义。

第六,物质文明中内含的人的价值。温州人民在创造物质文明的过程中和在丰硕的物质成果中,看到了自己的力量和人生的价值,体会到了生活的意义,感受到了内心的充实,因而内在活力得到焕发,劳动乐趣得到确证,心灵世界得到满足,精神境界得到提升。

马克思指出,自觉、自主、自由的生产劳动不同于强制性的劳动,前一种劳动"实际创造一个对象世界,改造无机的自然界,这是人作为有意识的类的存在物……的自我确证"。自由自觉的劳动,使劳动者由于实际的改造对象而意识到自己的力量,劳动者的劳动成果就是他们的力量的证明,他们实现了自己的理想和目的进而达到一种新的精神境界,也从自己的劳动和劳动产品中感到满足,感到充实,甚至感到自信和自豪。正如马克思所说,人们的这种"劳动是自由的生命表现,因此是生活的乐趣""我在我的生产中物化了我的个性和我的个性的特点,因此我既在活动时享受了个人的生命表现,又在对产品的直观中由于认识到我的个性是物质的、可以直观地感知的,因而是毫无疑问的权力而感受到个人的乐趣"(马克思:《1844年经济学——哲学手册》)。

正是自觉而又艰辛的物质劳动过程和丰硕的物质成果,激发了温州人民艰苦创业的激情,调动了他们的劳动热情,锤炼了他们的劳动品质,充实了他们的生活理想。

三、文化生活的新凯歌

精神文明之树只有生长在肥沃的物质土壤里,才能根深叶茂;精神之花有了丰硕的物质条件,才能盛开不败。这一点,在文化生活方面,表现得尤为明显。这是因为,较之于思想观念,文化的进步与物质文明的发展有着更为直接的相关性。

这里,我们不妨举一个例子。商品经济发达的苍南县金乡镇,近几年来群众集资办文化事业的投资总额达300多万元,而该县的赤溪镇半土羊乡想在春节期间搞一个文化活动,竟连20元的经费也无力解决。对比是如此的明显、强烈,这难道不令人深思吗?巧妇难为无米之炊,物质力量的单薄,使多少地方失去了现代文化发展的基础和可能。

温州沿海城乡商品经济的发展、物质文明的提高、人民生活的富裕,为丰富多彩的文化生活和现代文化建设提供了深厚的物质基础,有力地促进了文化事业的进步,使温州人真正拉开了社会主义文化生活的新序幕。

是的,只要你到温州沿海城乡走一走,不但可以强烈地感受到社会主义商品经济的阵阵热浪,同样可以明显地感受到社会主义文化生活的新鲜气息,聆听到一曲曲催人向上的新凯歌。

（一）温州文教、科技、卫生、体育事业概览

随着国民经济持续稳定的发展，温州城乡的科技、教育、卫生、体育、广播电视等社会文化事业也有了相应的发展。

下面我们先对温州的文化事业作一鸟瞰式的概述。

由于历史的原因和经济实力的限制，1950—1980年这30年间，温州全市在文化、科技、卫生、教育、体育和社会福利方面的建设总投资不足5000万元，仅占全市基建总投资的7.3％。而在"六五"时期，用于这方面的投资就远远超过了前30年的总和，达到6500万元，投资比重也相应上升为15％。近年来集体、个人等社会力量集资办文化的经费，更为引人瞩目。据对苍南县、平阳县、永嘉县和温州市鹿城区等3县1区的30个文化事业建设项目的调查，在785万元总投资中，集体、个人投资和集资的资金就占82.2％。

1986年全市共有电影放映单位676个，艺术表演团体18个，文化馆10个，公共图书馆10个，档案馆11个，文化中心83个。全市93％以上的乡镇、街道建有文化站。此外，还有文物单位、艺术馆、展览馆、工人文化宫、少年宫等数十个。至于个人、社会办的文化单位，这几年发展更是喜人。全市1391个各类文化事业单位中，有596个单位是在1984年到1985年发展起来的。

商品经济的发展、信息交流的加强，有力地促进了新闻传播工具的发展。1986年，全市出版报纸3859万份，比1985年增长了410％。出版各类杂志374万册，比上年增加了1.9倍。全市有广播电台1座、乡广播站488个，拥有有线喇叭43万只，电视事业从无到有，文化发展更为迅速。温州人第一次看到电视是在1977年10月，当时只有两个50瓦小功率差转台转播福建电视台的节目，后来又建了一个差转台转播浙江电视台的节目。1984年7月，温州电视台正式建立。1986年年底，全市已有县以上电视台3座，电视转播台78个，其中由地方群众和区乡集资办的差转台51个，占67％。卫星地面接收站16座，居全省之首。全市城乡有500多万人可以看到电视节目，覆盖率达80％以上。据1985年的抽样调查显示，城镇每百户居民中有电视机77台，农村每百户农户中有电视机27台，城乡电视机拥有量共约37万台。

改革开放和商品经济的发展，促进了科学技术和社会科学事业的发展。全市现有的全民所有制单位中有自然科学技术人员14679人，比1980年增长

23％左右,其中获工程师技术职称以上的有1618人。"六五"时期取得科技成果436项,其中382项是国家、部级和省级科技奖。1986年获得100项科技成果,其中,填补国家空白的有17项,填补省内空白的有14项,这些科技成果已推广应用的占84％。全市社会科学人员3000余人,他们在探讨温州改革和经济建设方面取得了一大批很有价值的研究成果。民办科研也在改革中应运而生。1985年以来,全市先后成立民间科研单位20余家,拥有研究人员100余人,成功研制新产品30多种,开发新技术20多项,其中,获全国发明竞赛奖2项,并有1项发明获日内瓦国际发明金质奖。

经济建设发展对教育事业的促进作用也很明显。1986年年末,全市共有636万余人。1986年,全市有普通高校3所,在校大学生3206人,比1980年约增加44％。高校研究生26人,各类成人高等学校在校学生1309人。全市参加高等教育自学考试的有7131人次。1986年全市有中等专业学校和技校21所,在校学生5823人,比1980年增加了三四倍。有农业中学和职业中学16所,在校学生共7899人,比1986年增加17％。1988年有普通中学309所,在校学生23.19万人,比1980年增加26％,比1986年增加9.5％。另有聋哑学校2所,在校学生276人。1986年全市有小学5270所,在校学生80.58万人,比1980年增加8％左右,学龄儿童入学率为95.37％,全市11个县区,有6个基本上达到普及初等教育"四率"指标。全市512个乡镇中,已有250个基本上普及初等教育。1986年全市有幼儿园382所,附设学前班的小学有529所,另有私立幼儿园190所,在园儿童共有6.38万人。

随着国民经济的发展,全市医疗、卫生事业进一步得到改善。1985年与1980年相比,卫生机构从926所增加到963所,增加4％;医院病床从6951张增加到8428张,增加21.2％,1986年又增加到8881张;卫生技术人员从11790人增加到15268人,增加29.5％;个体开业医务工作者2219人,家庭病床427张;5年来共完成卫生基本建设投资1762万元;"六五"时期群众集资建成大小给水工程839项;16种主要传染病的发病率从1980年的2167.4/10万下降为1985年的981.88/10万,下降了54.70％。

全市体育事业进一步群众化、社会化。全市现有48万余人达到国家体育锻炼标准,各类体校47所,在校学生2698人。中小学专职体育教师1014人,公共体育场地816处。群众性体育活动蓬勃开展,1986年就举办县级以上运动会21次,参加的运动员达2569人次,体育水平近年有较快提高。"六五"时期有 49 人破 41 项省记录,有 379 人次破市纪录,向省体工队输送优秀运动员 141 人,向部队体工队输送优秀运动员 77 名。1983、1985 年温州两次被评为全国"游泳之乡"。温州运动员还参加了国际性比赛,取得了良好成绩,为家乡和祖国争得了荣誉。例如世界乒乓球锦标赛女子双打冠军之一的戴丽丽、三破海模 A2 型世界纪录的胡胜高,都是温州输送的优秀体育人才。

文物事业也有了新的发展。现全市有各级文保单位 218 个,文物工作人员 65 人。1985 年年底共有文物收藏品 21652 件;1979 年文物投资 51431 元,1986 年增加到 161400 元。

上面我们对温州的文化、影视、科技、教育、体育、卫生、文物等事业的基本状况,作了一个简要的介绍,使读者有个总的印象。

下面,我们着重谈一谈温州农村家庭工业、商品经济发展起来,使农民们手中有钱、生活开始富裕之后,他们在想些什么,在追求些什么;他们在精神文化生活方面有什么作为;他们是不是只知道一头扎进"铜钱眼",成为物质文明的"万元户"、精神生活的"贫困户"呢?乐清县柳市镇几位青年农民在一篇题为"做无愧于当代的青年"的文章里,抒发了温州当代农民,尤其是青年农民的普遍心声:"我们追求知识!我们追求进步!我们追求欢乐!"

是的,在中国共产党的领导下,在党的十一届三中全会建设有中国特色的社会主义的路线和方针政策的指引下,今天的温州农民正在自强自立的实践中,艰难地告别"旧我",努力地塑造现代文明的"新我"。不是吗?那就让我们看一看温州商品经济比较发达、农民们生活开始富裕起来的沿海一带的乡村,去观察和感受一番,看一看、听一听农民兄弟们富裕之后在精神文化上的新追求吧!

(二)富裕后文化生活新追求之一:富而求"乐"

"穷则思富,富则思乐",这大概是一个带有普遍性的发展规律。温州沿海一带农村家庭工业、商品经济迅速发展后,农民们收入颇为可观,手上有了足够的钱,可以用于发展生产和改善自己的生活。

我们发现一个令人高兴的普遍现象:农民们物质生活富裕了,就开始注重追求充实的、多样的、欢乐的精神文化生活。有的青年农民说,钱赚多了也没意思,多参加一些社会活动、文化娱乐活动才有意思。有人说,富裕起来的温州农民正从单纯追求温饱的物质型生活向文化型生活转变。这评价也许过高了些,但农民们在物质生活改善后,在文化生活上有了更多、更高的新追求,乐意解囊来兴办文化事业,则是人尽皆知的事实。

据不完全统计,近年来全市由地方投资、群众集资和私人独资兴办的文化设施,主要有:地面卫星接收站16座,新建的电视差转台78座,文化中心83个,文化站511个,民间职业剧团139个,个人承包的电影放映队450个,个体电影放映专业户157个,社会集资、地方投资和私人独资营建的影剧院176座。此外,还建了不少老人亭、游乐场、乡镇公园等。近年来,农民们用于文化娱乐活动的费用也有了大幅度增长。据抽样调查的数据显示,1984年农民人均文化娱乐活动支出为1.53元,而1985年增至4.19元,猛增1.74倍,1986年比上年又增加一倍。

富而思"乐",在温州农村,主要表现在"家庭文化""城镇文化""社团文化"的崛起和发展上。

首先,农民们的家庭娱乐及文化传播工具以前所未有的速度增长着。据1985年8月对苍南县金乡镇的调查,全镇共4300户,19000余人,拥有电视机3000余台(彩电占70%),录像机10余台,摩托车40余辆,收录机697架,收音机793架,电唱机266台,音箱551只,照相机105架,电子琴109台,吉他117只,钢琴1架,风琴179架,手风琴7部,洋号126把,小提琴11把,其他民乐器47个,桌球84台,还有很多的篮排球、羽毛球、乒乓球和各种棋类,以及报纸近1万份,杂志1844种(份)。县文化馆抽查其中四个大院100户人家,他们共有各类图书10872本,平均每户藏书100多本。许多过去见也没见过、想也不敢想的现代化、高档化的文化娱乐用品,如电子游艺机、钢琴、电子琴、电贝司、电吉他以及音控灯光等,也走进了金乡镇的千家万户。

家庭文化活动也十分丰富,出现了不少家庭音乐会、家庭乐队、家庭娱乐场、家庭游艺场、文化专业户。永嘉县江北乡35岁的林臣芳,近几年办厂致了富。有了钱干什么?夫妻俩商量后,花了5000多元买来了彩电、收录机、组合音箱、电子琴、乒乓桌、羽毛球拍、象棋等,腾出楼下两间房子,办起了家庭娱乐场。

有人问林臣芳:"人家有钱建房子,买小轿车,你却办娱乐场,赔工夫又赔钱,到底图个啥?""我不想图个啥,就想让大家玩个快活!"平阳县鳌江镇个体经营大户郑体强四兄妹富裕后,感到农民们富足了,但文化娱乐不是很丰富。

为了丰富周围农民的文化生活,解决村里兄弟姐妹和社会上一些待业青年的就业问题,在明知办文化事业不如做生意赚钱的情况下,仍然拿出多年积蓄,投资48万元,建了一个面积达2500平方米,内有假山、保龄球、英式台球、电子游戏炮、儿童空中飞机等13个活动项目的现代味很浓的"民众游艺场",为当地农民提供了一个健康、文明的文娱活动场所。一个家庭办规模如此之大、投资如此之多、项目如此丰富、设备如此新式的游艺场,实在令人惊奇,叫人振奋。要知道,这样的游艺场一般的县城还没有呢!没有一点"吃亏"精神、牺牲精神,没有一点气魄,没有一点事业心和社会责任感的人,会去办这样的游艺场吗?没有党的致富政策,没有商品经济的发展,没有物质生活的富裕,农民办这样的游艺场,可能吗?

乐清县柳市镇,是温州农村家庭工业较为发达的地区之一,有"东方的瑞士"之称。在富足的物质生活面前,人们对文化生活的新追求怎样呢?据调查,柳市镇在家庭文化方面绝不亚于前面谈到的苍南县金乡镇,有的还要超过金乡。例如,家庭录像机超过金乡10来倍,有100余台。如今在柳市镇,光家庭购买的吉他就有五六百把。生产塑料配件的家庭工业户郑乐林,爱好音乐,也喜爱摄影。近年来,他先后购买了一架钢琴、两把小提琴,还有20寸的彩电以及照相机、收录机、台球,等等。他用于文化方面的钱就在万元以上。柳市镇的一位23岁的姑娘郑别雷,是家庭工厂的一把好手,一年少说也能赚几千元。她买了一台聂耳牌钢琴,自费到杭州歌舞团学钢琴,一年开支至少要1000元。有人劝她:"一进一出,一年相差好几千,何必呢!"她却爽朗一笑,说:"钞票能买到音乐和艺术吗?"1986年的一天,一批著名剧作家兴致勃勃地来到小郑家做客,他们在聆听小郑弹奏的乐曲时,感慨万千,赞叹道:"钢琴演奏听过不少,从没像这次感受这么深!"

是啊,这让人欢乐、催人向上的乐章,是农民用自费购置的钢琴和从事劳动的双手弹奏的,而且是在农民的住房里,带着泥土的芳香。弹吧,愿千千万万的农户弹奏出更加欢畅、更加动听、更加美妙的生活乐章来!

下面,我们再来看看温州地区城镇文化的发展状况。

温州农村家庭工业和商品经济的发展,使商品产销基地、专业市场应运而生,使原有的小集镇的建设得到改善,一批新兴的集镇迅速发展。3年来,商品经济发达的沿海农村的农民聚集了14.9亿元资金用于小城镇建设。1983年温州地区还只有23个建制镇,目前已发展到88个建制镇。集镇在成为当地一定空间范围内的经济中心的同时,也要求文化设施的相应增加,以丰富周围群众的文化生活。

于是,温州出现了不同形式的、由农民们自己集资、地方补助办城镇文化事业的好势头。一大批基础文化设施,如电视差转台、公园、文化宫、老人亭、音乐茶室、影剧院、录像放映点、书店等相继产生。由一批文化专业户私人经营的图书租借点、书刊摊、游艺场、溜冰场等也相继问世。

1980—1985 年,苍南县金乡镇群众集资了 208 万元兴建集镇文化设施。其中金星影剧院投资达 108 万元,成为温州农村最大的一流农民影剧院;集资 20 万元修建的"狮山公园",由著名学者赵朴初题词;集资 20 万元在"狮山公园"内办起了文化中心——园中园,园内设有游泳池、录像放映厅、舞厅、游艺室、球场、餐厅、练功坪、小卖部等;集资 2.5 万元建了两座电视差转台;集资 18 万元建了地面卫星接收站。

此外,还集资兴建了 2 个图书室,新建和改建了曲艺场、重阳院和老人休息室,重修了丰乐亭、魁星阁等文物古迹,新建旱冰场 2 个、大型宣传窗 3 个、俱乐部 7 个,等等。

瑞安县塘下镇近几年也集资兴建了不少城镇文化设施。其中,新建了 21 座影剧院,有电影放映队 16 个、书场 14 个、民间职业剧团 3 个、旱冰场 8 个、录像放映队 2 个、乐队 14 个、文化用品商店 11 个、图书室 9 个等。仅 1986 年就举行了各类文艺晚会 20 场左右,并举办了音乐、美术、器乐等十几个培训班。专业户池万兴富裕之后,个人出资 2 万元,和他人共合资 3.2 万元,创办了一个 300 平方米的游乐场。

乐清县柳市镇农民"富后求乐"的劲头也十分充足。几年来柳市镇群众集资数百万元兴建了 14 个影剧院;集资 10 多万元兴建了一个电视差转台;投资 130 万元兴建了"春晖阁""凌风阁""龙岗亭""众乐亭""红日亭"等老人亭、老人宫 59 个;兴办了 13 个录像放映队;新建了公园、旱冰场、电子游艺场、灯光球场等。据说,柳市镇的"螺丝大王"刘大元正雄心勃勃地准备新建一个造价达 300 万元的大型文化体育娱乐中心。听后真叫人有点不敢相信,对今天温州农村的一些"农民",真的该刮目相看了。

这里,还值得一提的是,1986 年上半年,全市还只有一座卫星地面接收站,而到了年底,猛增到 16 座。其中除了 9 座是由市、县投资新建的,其余 7 座全是由群众集资新建的。而由群众集资兴建卫星地面接收站的,都是商品经济发达的虹桥、龙港、永强、金乡等镇沿海一带的农村。1987年,宜山、柳市等镇沿海一带农村正在兴建和准备兴建的还有六七座卫星地面接收站,柳市镇一个专业户农民还在自己家里安装了一座电视差转台。

据不完全统计,仅1985年全市新建集镇用于城镇文化设施建设的资金就达到630万元,其中70%以上是群众集资、私人独资的。目前,温州农村集镇开始披上了既有地方传统特色,又有明显时代特色的装束;与小城镇整体建设相配套、相适应的“城镇文化网络”,也正在逐步形成。

现在,我们再来谈一谈农民们的“社团文化”。

商品经济的迅速发展,使得人的群体性、社会性本质也得到了较多的表现。温州农村文化生活中的一个显著特点,是出现了许多自主自愿组合的社团组织,其中文化社团最多、最活跃。文化社团的存在和发展,逐渐形成了一种“社团文化”。社团文化不像家庭文化和城镇文化那样表现为文化工具和文化设施,而是一种流动型、活动型的“软件”文化。社团文化的生命力在于社团的文化活动。

据统计,全市有各种各类的文化社团80余个,分布在各个城镇和乡村。从文化社团成员构成看,一是由老年人组成的文化社团,一是由青年人组成的文化社团,尤以青年人的文化社团居多。有共同兴趣爱好的青年人,自愿组合结成文学社、诗社、书画社等各种“协会”。他们或吟诗作画、出版刊物,或开音乐会,或举行会演,或沙龙式地聚在一起探讨问题。苍南县金乡镇有音乐舞蹈、戏剧、书法、美术、摄影等多个业余爱好者协会。瑞安县塘下镇的王永录等3位青年自筹资金,创办了“瑞安县海滨民间歌舞团”,组织当地文艺骨干14人,已为群众演出50多场,受到农民们,尤其是农村青年的热烈欢迎。

乐清县柳市镇的文艺社团更为活跃。近几年,柳市镇相继诞生了“青年音乐联谊会”“柳川诗社”“柳川书画学会”“《小卵石》文学社”“吉他培训中心”“书法学会”等10多个文化社团。“柳川诗社”已出版了几个集子;“柳川书画学会”已举办10余次书画展;“《小卵石》文学社”半年多时间就举办了5期文学知识讲座,出版《小卵石》5期,刊出作品近百篇,其中有不少作品被有关报刊转载。

目前全市有老人协会150多个,拥有会员1万余人。老人文化社团组织传统民俗文化活动,如闹元宵、划龙舟、办灯会,以及传统或地方剧种的文艺演出等。

各种文化社团的产生及其开展的文化活动,不仅丰富了乡村、城镇的文化生活,为农民增添了生活中的欢乐,更陶冶了社团成员们的情操,美化了他们的心灵,提高了他们的文化素质和思想境界。

柳市镇青年音乐联谊会成员胡银飞,年收入万元以上,但过去他觉得精神上空虚,在参加联谊会后,他不但戒了酒,还经常参与组织很多活动,觉得生活充实多了。在一次演出中,他连唱好几支歌,都博得了观众阵阵掌声。事后他感慨地说:"到今天,我才真正体会到人生的意义和价值。"

(三)富裕后文化生活新追求之二:富而求"知"

商品经济的价值规律和竞争规律,要求商品生产者必须重视智力投资。

温州的农民们在发展经济的实践中,越来越清楚地看到,各乡各村那些专业户、企业家、经营家,那些带领大家创业致富的"能人",绝大多数是受过教育的、有一定文化知识的人。办厂是这样,外出跑供销也是如此。

瑞安县塘下镇鲍村是有名的专业村,全村 92 户人家就有 50 多个小伙子在外面跑供销,足迹遍及全国各地。这个村的农民们从亲身实践中体会到了教育、文化知识的重要性。他们说:"中学程度走遍天下,小学程度瑞安塘下,文盲瞎子楼上楼下。"

今天的这些农民们在商品经济的洪流中开始明白,真正的优势是人的素质的优势、智力的优势;经济竞争、市场竞争,实质上是知识的竞争、技术的竞争。他们已经越来越感受到,要使产品更上一层楼,要想从事新的行业,要去开辟新的市场、新的门路,要想立于不败之地,缺文化、少知识、无技术、稀里糊涂已经吃不开了。

于是,农民们初富之后,就普遍地重视智力投资,出现了求知、求技、求学的热潮。现在,对于不少农民来说,"尊重知识,尊重人才"已不再是口头上的"宣言",而是自觉自愿的实际行动了。据统计,1984 年至 1986 年,全市社会集资办教育资金达 1200 万元,建校舍 6 万平方米。1985 年乐清县群众集资 310 万元用于教育建设。瑞安县近年来群众集资办学达 470 余万元。据调查,全市农民人均支出学费、技术培训费,由 1984 年的 2.47 元增加到 1985 年的 4.34 元,增长 75.7%;全市农民小学以上文化程度的人数占整个劳动力人数的比重,从 1984 年的 72.7%,提高到 1985 年的 75.3%;而同期文盲、半文盲人数的比重则由 25％下降为 17.1％。

温州农民们富而思学、富而求知的主要表现有以下几点。

第一,重视企业文化的培养和员工素质的提高。在丰富企业文化知识、提升科学技术素质方面,主要途径是两条。

一是通过"请进来"或合作形式"借外脑"。许多家庭工厂都用高薪聘请技术顾问。光乐清县柳市镇就聘请上海、杭州等外地技术顾问近千人。自动化仪表厂是一个小小的村办企业,居然有包括高级工程师在内的 30 多位科技人员定期为这个厂提供信息和做技术指导,还有 47 个设计院与这家厂建立经常性的业务联系。据调查,全国共有 10 万多名科技工作者和上千个科技单位、大专院校为温州的经济建设服务,其中上海就有 103 所学校与温州建立起了合作关系。科技服务部门与温州企业单位签订了长期科技合作协议。

二是重视企业内部文化知识和科技水平的提高。例如,苍南县金乡镇叶文贵办的私营企业,招工要求是高中毕业生,超过国有企业的招工条件。他不但用数万元资金聘用高级技术人才,而且也着眼于企业职工文化知识素质的提高。厂里专门设立了"教学部",请有关大学教师先后开设了电工、化工和机械原理等课程,职工进厂后要先进行为期 3 个月的职前培训。同时,厂里还开办了一个电大班。厂里每年花数万元经费送优秀职工到同济大学、浙江大学等处深造,仅 1985 年一年,就选送了 11 人去培训,短的几个月,长的两年。学习期间,职工的工资、奖金照发,一切费用实报实销。叶文贵还在厂里开办了一个阅览室,订有 16 种报纸和 100 余种杂志。他还从杭州请来一位退休的英语教师,开办了一个英语班。因为在他眼里,"将来企业要发展,国外大量新信息、新资料得有人去收集"。苍南县宜山森力人针织内衣厂是三兄弟合办的私营企业,为了提高工人的文化素质和技术素质,1987 年厂里开设文化夜校,聘请 2 名高中教师来给工人补习文化;送 5 人到杭州纺织学校学习,每人每年厂里付代培费 2000 元;分期分批派工人到上海针织五厂实习。该厂厂长说:"我认为,只有这样,才能提高产品质量,才能在竞争中立于不败之地。"

第二,重视自身和子女的文化学习。例如,金乡镇企业家叶文贵,一天只睡五六个小时,每晚坚持学习,攻读有关技术和企业管理的书籍,完成了多项技术革新,吸收外国的"感情投资"等企业管理经验,不断提高管理水平。

重视对子女的智力投资在温州就更是十分普遍的现象了。在家庭工业刚起步那阵子,为了挣钱,不少农家子女弃学做工、弃学经商。经过几年的实践,农民们看到了文化知识的重要性,再说生活上也富足了,认识到挣钱是暂时的,知识是永久的,"腰缠万贯,不如薄艺在身"。于是,这些有远见的农民经营家们,不但自己追求文化知识,而且更热切希望自己的子女学有专长,有更高的文化水平,有机会深造。

苍南县的一位专业户陈新全说:"难道让我们这辈子辛辛苦苦积累起来的如此丰厚的家产,交给一个文盲或半文盲去继承吗?"就是因为这个原因,一些原来弃学做工的大龄儿童返回校园,所以在小学课堂上出现了一些"高龄小学生"。为了子女学习好、长进快,有的农民聘请教师在家辅导;有的农民不惜代价把子女送往城市学校代培。苍南金乡自理代培费送子女到上海、杭州、温州等地大、中学校读书深造的就有 50 余名。乐清柳市将子女送到温州和县城中学读书的就有 100 余名。永嘉桥头有 100 多户农民把子女送往县城、温州、杭州、上海读书。许多专业户说,留下几十万家产,不如培养子女成才有意义。尽管代培费很高,如初中三年要 1000 元,高中三年要 2000 元,大学一年要 3000 元,但他们觉得"黄金有价,知识无价",这种"一本万利"的钱是值得花的。有一位个体户农民陈明南,把孩子送到上海读中学,一年花费 2000 元。有一位姓叶的个体户农民把两个孩子送到温州市就读,因为没房子住,特地在市区买了一间房子供孩子食宿,用去 11000 元。

第三,集资、捐资办教育。温州农村集资办教育主要有五种形式。

一是按国家规定通过财政收入收取教育附加费。

二是征收集镇建设教育设施配套费。如苍南县龙港镇自 1984 年建镇以来,每户征收教育设施配套费 75 元。

三是群众集资、捐资。这是最为普遍的,数量也颇为可观。例如苍南金乡一个镇,1980 年国家投资教育经费 60 万元,群众捐资集资 3 万元;1985 年国家投资 79 万元,群众捐资集资 38 万元;1986 年国家投资 83 万元,而群众捐资集资近 100 万元。瑞安塘下从 1984 年至 1986 年 11 月,全区共集资 200 万元左右,新建教室 137 个,建筑面积 9864 平方米,新增课桌凳 5560 套,新设中小学实验室 42 个。乐清柳市自 1984 年至 1988 年 9 月,群众共集资 160 万元办教育。在集资办学热潮中,柳市还出现了"老人护校队",老年人主动组织起来轮流在各校值班,义务护校。

四是民间办学。例如,农民们自办的乐清北白象镇的夜校、柳市镇樟湾村的青年夜校、乐清县许祥礼办的育才中学、乐清县农民南兰忠创办的聋哑学校等。尤其以私人、家庭办的托儿所、幼儿园数量最多。据1986年5月统计,光柳市区①就办有家庭幼儿园148家,聘有幼儿教师189人。

五是实行奖学金、奖教金制度。例如,瑞安塘下镇下岭村为鼓励学生升学,实行奖学金制,考上大学奖励500元,考上中专奖励300元。苍南专业户龚光增,每年拿出1200元供该县湖前乡学校作奖教金。实行奖学金、奖教金制度的乡、村,在温州农村已不是个例了。

第四,办图书馆,订阅报刊,也是富而求学、求知的一个表现。近年来,为了满足群众读书求知的需要,一些地方和个人创办了不同形式的图书馆(室)。如永嘉县清水埠7个单位联办的双塔图书馆,不靠国家拨款,走群众文化群众办的道路,筹集资金3万余元,购置图书近万册,订阅报纸70种、期刊数百种,不仅为江北16万人民提供了精神食粮,还为乡镇企业和专业户提供技术信息咨询服务,做到图书情报一体化,显示了强大的文化生命力。个人办的家庭图书室也越来越多。如永嘉县的胡邦候、潘活泼,平阳县的叶朝君,文成县的陈慧红,乐清县的章选治等人创办的家庭图书室,都是自己腾出房子,自己掏钱买书刊和付电费,自己负责管理。这些图书室不但不收读者一分钱,有的还给小读者分发读书奖品。

据对苍南县金乡镇100户人家的抽查,其共有各类图书10872册,平均每户拥有量达100多册。求知识、求信息带来了"订报热"。他们也把订阅报刊作为一种"短平快"的智力投资。

据调查,温州全市农民人均购买书报杂志的支出,由1984年的0.81元增加到1985年的1.28元,增长58%。据邮电部门统计,1985年全市发行各类报刊2728.3万份,比1984年增长18.1%。苍南县金乡镇4000多户人家订阅报刊近万份。

如果没有经济的较快发展和人们生活水平的较快提高,温州人求知的欲望、学文化的热情,会有这么强烈吗?!他们能慷慨地捐献那么多钱办教育吗?!而知识的增加,提高了人的文化素质,也反过来促进了经济的发展,温州人已深深地懂得这个道理了。

---

① 乐清县柳市区从1912年成立,直到1992年被撤销,几经撤销、复设。所辖乡镇数目亦几经增减,最多时达50多个。

(四)富裕后文化生活新追求之三:富而求"健"

农民们生活富裕后不但求乐、求知,而且也追求健康,希望有美的、卫生的生活环境,有强健的体魄。温州城乡商品经济的迅速发展,人民生活的不断改善,有力地促进了卫生事业的发展和群众性体育活动的蓬勃开展。

温州农村富而求"健"的主要表现有三个方面。

第一,环境卫生大有改观。在环境卫生方面,温州农村过去普遍存在着老大难的问题,一是吃水难,饮水卫生质量差;二是行路难;三是公共卫生"脏、乱、差"。

拿苍南县金乡镇来说,过去由于贫穷,环境卫生问题长期得不到解决,更谈不上美化环境。在吃水难方面,往日,金乡镇近 2 万人口饮水只靠 7 口古泉井。一到夏天,群众半夜起床排队挑水,遇上干旱,人要爬到井里一碗一碗地舀水。于是,当地人编了这样的顺口溜:"不怕神,不怕鬼,只怕老婆叫挑水。"在行路难方面,金乡全镇过去有南北、东西两条十字街,八条巷,都是石板路,年久失修,七高八低,一不小心,污水溅满全身。在公共卫生方面,问题更为严重,垃圾遍地,阴沟堵塞,污水横流,茅坑又差又脏很不雅观。

近几年群众生活富裕了,对环境卫生自然提出了新要求,镇政府因势利导,狠抓了环境卫生。他们发动"爱国卫生活动",一年开展几次。1986 年端午节,还搞了"爱国卫生突击周",发动 12000 多人,清理厕所 25 座,疏通阴沟 70 多条,清除垃圾杂草 70 多卡车,粪便 400 多车,使古镇面貌焕然一新。他们还把搞卫生活动推向正常化、制度化,扩大和健全环境卫生队伍,订立卫生公约,实行包干责任制,使过去那种"只管房内现代化,不管屋外脏乱差"的旧习气有很大转变。

接着,金乡人民又大搞环境卫生设施的建设。近几年来,他们采取集资、捐资、投资等形式,汇集了近百万资金用于卫生基础设施建设。其中投资 20 万元建了人们盼望已久的储水量每小时达 320 吨的自来水厂;投资 26 万元修建水泥路 8000 多米;投资 12.5 万元建了排污沟 40 余条;投资 13 万元新建蓄粪池 6 个、厕所 8 个;集资 14 万元建成 3600 多平方米的菜市场和一个 1800 平方米的小商品市场;集资 3 万元买了消防设备;等等。从而基本上解决了吃水难、行路难、上厕难、排污难、买菜难等问题。此外,还建设了一批文化设施,如公园、老人亭等,也美化和改善了环境卫生。

改善环境卫生在今天的温州沿海农村已经是十分普遍的事。

瑞安塘下一个镇,近 5 年来用于改善环境卫生等公益事业的投资总额就达 218 万元。其中用 56 万元建造了 42 条水泥马路;用 52 万元架设了大小桥梁 22 座;用 26 万元建造了 2 座自来水厂。据统计,瑞安光建造 8 个自来水厂,就集资了 300 万元,解决了 15 万人(占全区总人数的 75%)的饮水卫生问题。近几年来,瑞安全市①共集资 1600 万元兴建了 1000 多个自来水工程。

富裕后的乡村,一改千百年来"东面打水做饭,西面洗刷马桶"的陋习。

第二,保健卫生状况明显改善。在生活水平显著提高后,温州农民对医疗保健卫生也提出了新的要求。由于物质生活条件不同,人们对自己身体健康的爱护程度也显然不同。

据有的同志调查,富裕区农民一有小病就去医院门诊的占 65%,而贫困区农民绝大部分要拖几天再说。对苍南县金乡镇 87 个居民进行随机调查,其结果更是令人深思。在 87 个居民中,一旦有病要到大医院去就诊的有 84 人;愿付 1.5 元挂号费由副主任医师看病的有 75 人;愿付 6~10 元一天住舒适病房的有 48 人;愿花 150 元做一次 CT 检查的有 80 人;想定期做健康检查的有 81 人。

温州医学院附属医院向个体户、专业户等发售每张 50 元的"三优"(优先挂号、优先门诊、优先住院)医疗卡,计划共发售 5000 张,这些医疗卡很快被抢购一空。看来,富裕起来的群众对医院的要求不仅是希望医疗设备新,医生水平高,服务态度好,能就近看病,而且希望其由单一的医疗型医院转化为综合的能同时预防、治疗的康复型医院。

农民群众手中有了一定的物质条件,就会对医疗保健卫生提出新要求,这就有力地促进了农村卫生事业的发展。这主要表现在以下几个方面。

一是借助城市医院技术来发展农村卫生事业。如商品经济发达的瑞安县仙降镇卫生院从 1985 年下半年起,分别同上海瑞金医院、华东医院、曙光医院等 6 家医院建立了横向联系。上海的骨干医师下乡帮助工作,仙降镇卫生院支付来回车船费和有关报酬。上海医师每批来乡下 10~15 天,他们发挥了

---

① 1987 年 4 月 15 日,国务院下发文件,瑞安县撤县设市(县级),置瑞安市人民政府,管辖范围不变。

多方面的作用:挂牌门诊,临床治疗;开办专题讲座,培训医护人员;引进先进医疗器械,促进医疗技术改造;介绍病人赴沪,诊治疑难重病等。温州市区医疗人员下乡进行门诊,更是十分普遍的现象,这样做,不但改善了医疗人员的生活水平,更主要的是改善了农村的医疗条件,促进了农村卫生事业的发展。

二是促进社会办医。农民不但集资改善环境卫生,而且集资办区、乡、镇医院,拿出钱来改善医疗条件。如永嘉县桥头镇、苍南县龙港镇已开始集资、集股办医。

三是扩大了医疗队伍。这几年温州农村个体医生异军突起。到 1986 年年底,先后经卫生主管部门批准执业的农村个体医生有 1700 多人,目前还有 2000 多人在等待审核。1986 年,温州农村出现了 1100 多名青年自费到城里学医的新鲜事。随着农民们生活水平的提高和对医疗保健需求的日益增长,目前农村的医疗卫生事业还远远满足不了农民的需要,输送和培训农村卫生人才已成燃眉之急。

尽管如此,我们坚信,需要与不能满足需要的"矛盾"本身,就是一种了不起的进步,因为它恰恰是推动卫生事业发展的强大动力。

第三,群众性体育活动进入了一个新阶段。体育活动的功能和作用是多方面的,它不但有"健"的作用,同时还有"乐""知""美"等功能。

近年来,随着温州沿海一带农村商品经济的发展和群众的普遍富裕,农民们对发展体育运动有着强烈的要求,不但参加体育活动的人数越来越多,而且各行各业、各个乡村都积极办体育。

目前,社会集资办体育,特别是群众性体育活动的热潮,正在富裕起来的温州乡村集镇蓬勃开展,其势头方兴未艾。这使温州体育的社会化、群众化无论在深度和广度方面,都迈出了可喜的一步。一个个近年崛起的新集镇,都把体育设施纳入建设规划中。

温州市鹿城区黎一村投资 150 万元建造了配套齐全的东瓯游泳池。苍南县钱库镇陈仁渺等 6 位青年集资 7 万元,建成了一个面积 1200 平方米的旱冰场。瑞安县一个专业户集资 25 万元,建成标准的自来水游泳池。瑞安县三圣门村集资 30 万元建成了有 150 米跑道的大型溜冰场。乐清、永嘉、苍南三县和温州鹿城区兴办了好几个武术馆和拳社。

到 1986 年年底,全市仅由专业户、个人集资兴办兴建的大大小小的溜冰场,就有 50 多个。群众性游泳、龙舟、武术、气功等传统体育活动相当活跃。

由体委办、单位办、群众集资办和个人办的各种培训班及运动会十分频繁。乐清县个体户郑巨华主动到县体委表示个人出资办县冬泳比赛。温州鹿城区个体协会在 1987 年 4 月举办了有 500 名选手参加的运动会。1986 年 1 月初,全市有 16 名冬泳选手自费参加哈尔滨冰雪节,其中更有一对青年在冰上举行婚礼。1986 年春节,全市有 53 名冬泳健儿自筹资金横渡瓯江。

富而求"健",在苍南金乡尤为突出。近年来,金乡镇已先后成立了篮球、乒乓球、羽毛球、象棋、举重、武术等单项体育运动协会和体育爱好小组 20 多个,而且在 1987 年年初成立了镇一级的体育运动委员会,这在全省是"破纪录"的。4 年多来,该镇进行的多形式、多渠道、多层次的体育活动达 130 余次,有 8000 多人次参加,观众近 30 万人次。全镇有近千户人家分别购置了乒乓桌、羽毛球、台球、棋类、武术等活动器具一万多件,价值达 10 多万元。现在,每天早晨,他们在狮山公园、学校操场、房屋露台、屋前屋后的院子里,进行各种各样的体育锻炼,参加体育锻炼的人数已占总人口的 35% 以上。他们还采取"请进来、派出去"的办法,由群众集资先后举办了 30 多期各种体育项目的学习班,参加学习的有数十余人次,培育了一大批体育骨干。在普及的基础上,金乡人的体育运动水平有了较快的提高。健儿们在县市体育运动会和比赛中取得多枚金牌、铜牌。1986 年,金乡镇被评为省、市群众体育活动的先进单位。丰富多彩的体育活动,不但增强了人们的体质,而且陶冶了人们的情操,充实了人们的生活。

(五)温州文化发展的几个特点

我们透过温州城乡文化发展的种种表层现象,就可以发现温州文化发展的一些独有的特色。虽然目前断定温州已经形成了一种文化发展新格局为时尚早,但如下几个特点却十分引人注目。

第一,由国家独办文化产业向全社会办文化产业转变,出现国家、集体、企业、个人一起办的新局面。例如,在文化娱乐方面,据 1986 年年底的统计,温州全市有专业剧团 18 个,而民间职业剧团有 39 个;全民所有制电影放映队 45 个,而集体所有制并由个人承包的放映队 450 个,个体电影放映专业户则有 103 个;全民所有制的公办文化站 10 个,而民办公助文化站 518 个;全民所有制影剧院 20 个,而集体和个人集资办的影剧院有 176 个。这几年农村公园、地面卫星接收站、电视差转台、各种游艺场等文化设施,大都是由群众集资、捐款兴办的。在教育事业方面,也出现了多体制、多形式、多渠道,依靠社会、依靠群众办学的景象。1986 年全市集体和个人投资办学共达 700 万元;半数以上的职业技术学校是由单位、部门与学校联办或单办的,还有由群众团体和个人试办的 6 所学校。

据统计,1981 年至 1985 年 5 月,市、县两级财政拨款用于文物维修的经费是 26.6 万元,而同期群众集资就达 78 万元之多。在体育、卫生等方面,正如我们前面所描述的那样,温州出现了社会、群众集资兴办的可喜形势。

文化专业户也已成为温州农村文化事业发展的一支不可忽视的重要力量。据调查,仅永嘉一县近年来各种文化专业户就达 300 多户。这些文化专业户主要从事阅读、电影、录像、戏剧、弹唱、摄影、雕塑、绘图、书法、美工、魔术、武术、家庭音乐等文化活动。社会、群众办文化事业并开展各种文化活动,既在一定程度上解决了国家因财力有限而对文化建设投资不足的困难,又扩展了文化活动的广度和深度,丰富了群众的文化生活,促进了社会主义精神文明建设,为形成一个多层次、多体制、多功能的社会主义文化网络,打下了良好的基础。

第二,由被动欣赏型文化向主动参与型文化发展。在发展商品经济的实践中,开阔的视野使人们接触现代文明的机会增多;再加上物质生活富裕后,人们要求生活的多样化,因而人们的自主意识、自主能力得到了提高。这表现在文化生活上,就是由被动欣赏型向主动参与型转化。这是温州近年来文化发展的又一基本特点。

过去,一般人总认为文艺专业人员是文化活动中的主体,而群众只是欣赏的被动客体。随着国家、集体、单位、个体一起办文化,随着社会性、群众性文化活动迅速发展,传统的文化主客体观念受到挑战。这主要表现在以下三点。

一是群众对文化的需求增强,乐意掏出钱来办文化事业,使家庭文化、城镇文化等有了较快的发展。

二是出现了一大批自由组合、自我娱乐的各种文化艺术的民间社团、沙龙组织。据不完全统计,这类民间文化社团仅瑞安县就有 97 个;乐清、永嘉、苍南三县仅文学社、诗社就有 20 余家,自办各种文艺期刊 30 种;苍南县金乡镇成立了戏剧、舞蹈、音乐、美术等协会;在乐清县柳市镇,光业余书画社就有

4个。此外,还出现了不少社会科学、自然科学方面的群众性学术团体。这些文化团体、文艺沙龙组织的出现,反映了群众,特别是青年人要求在文化活动中既当主体(演出)又当客体(观众)的现象。

三是各种民间文化活动、各种群众娱乐活动此起彼伏。例如,各种民间文化团体经常开展的自主、自乐的文化活动;文化专业户的兴起和文化活动;各种文化培训班的经久不衰;逢年过节各种民间文化活动的上演;等等。1986年的重阳节,在苍南金乡热热闹闹的"老人文艺会演"中,年逾古稀的老人登台表演,使现场充满欢声笑语;在乐清柳市,家庭音乐会十分流行,青年人伴随音乐旋律轻歌曼舞;瑞安县陈锡坚全家十多口人在当地春节晚会上表演了"一家人民乐合奏"。

群众自我娱乐活动给群众文艺百花园注入了新的活力,温州文化活动正从被动的文化欣赏型向主动的文化参与型转变。

第三,由平面文化结构向立体文化结构发展。过去由于经济条件和欣赏水平有限,农民的文化生活只是听听收音机、看看旧电影、偶尔进城看看传统戏。现在,这种平面的文化结构已经逐渐被打破,取而代之的是显露出来的立体型的新文化结构。这主要表现在下面几点。

一是文化生活开始追求高档化。从文化的物质载体讲,许多现代高档的文化用品、文化传播工具,如电视机、收录机、组合音响、电视差转台、电子琴、钢琴等,出现在了集镇、乡村之中,走进了千家万户。从文化生活的内容讲,一些现代化文化工具的出现,使人们可以感受高档的文化生活,提高自己的欣赏水平。其中年轻人更喜欢追求、向往时代性强的文化形式,如歌舞等。1985年,上海的几位著名越剧演员到温州演出,柳市镇把她们请到镇上演,虽然票价高达10多元,但农民成群结队去看戏,说再高的票价也要看。在永嘉县抱岙村,过去农民们三年能看到一次县剧团的演出就算很有眼福了,现在他们要请高档剧团了。他们说:"农民也不是命中注定只配看'烂糊戏班'的,我们要挑我们喜欢看的剧团了。"1985年,他们不仅请了温州市里的剧团,还请来外地剧团演出。那几年,外地各种剧团、演出单位来温州演出十分频繁。

二是文化设施、文化活动开始走向网络化。文化设施、文化活动是否网络化、系统化,是衡量文化生活水平高低的一个重要标志。过去农村松散稀落的文化室、青年俱乐部大多流于形式,即使活动正常,也满足不了人们的文化生活需求。现在这种"星火式"的文化、单一型的文化格局,正逐渐从温州沿海一带的城乡消失,而网络式的文化结构正在逐步形成。例如,苍南金乡以公园——"园中园"为中心,以影剧院、电视差转台、图书馆、老人文化宫、曲艺场、旱冰场以及家庭文化室等为分布点,在空间上形成了系统的文化设施分布网络,而各种文体协会组织及其经常性的文化活动,在文化组织和文化活动的时间上形成了系统的网络。文化设施和文化活动上的网络化,是立体型文化结构的标志之一。

三是文化生活开始呈现多样化。文化生活多样化,才能满足人们多层次的文化需求。现在温州农村的文化活动,既有通俗的,也有高雅的;既有传统古老的,也有现代时髦的;文化组织既有专业的,也有民间和群众自我娱乐型的;文化活动形式千差万别,文化项目丰富多彩。戏剧、说唱、影视、舞蹈、音乐、美术、诗歌、书画、体育、摄影、武术……应有尽有。

第四,社会文化结构由单纯的福利型转向多元的综合型。过去,人们往往把教育、体育、文艺等看作单纯的社会文化、福利事业,忽视文化事业的多方面功能,这妨碍了文化的发展。随着改革开放的深入,人民生活水平的提高、对精神文化需求的增加,以及社会主义精神文明建设的加强,温州形成了多体制、多形式、多途径办文化的模式。

概括起来,温州城乡文化建设的性质,有如下五种类型。

一是福利型。现在各级政府、各级文化行政部门、各个单位负责的相当一部分文化设施和文化建设,如医院、学校、幼儿园、图书馆、俱乐部、工人文化宫等,都被作为一种社会性的福利事业来办。这类文化团体及其文化建设的经费,一般都由主办单位和政府部门拨款投资,这类文化团体注重社会效益而不太讲求经济效益。

二是事业型。有些文化团体、文化人和专业户,把发展文化作为一项事业来追求,寄托了自己的理想和希望。如瑞安县场桥镇王永录等3位爱好文艺的青年自筹资金办的"瑞安县海滨民间歌舞团",由个体户承办的瓯海县①"白鹿轻音乐团",以及数量可观的免费或收费的家庭图书馆、家庭戏班等,大都属于事业型项目。事业型文化的一个最大特点,是它的主人自身文化修养较高,爱好文艺(化)活动。

---

① 瓯海县原为温州市郊区,1981年12月分出建置瓯海县。1992年3月撤县设区,今为温州市瓯海区。

三是责任型、义务型。一些干部和富裕起来的专业户,有较高的思想觉悟和为社会做贡献的责任感,把办文化事业作为自己为群众、为社会做贡献的一种应尽的义务。例如捐款或无利、薄利地投资建设各种文化设施;赞助兴办各种文体活动;等等。这种类型的文化建设,在温州农村是比较普遍的。

四是营利型。有不少文化团体和专业户办的文化设施和文化活动,虽然也讲社会效益,但其主要动机是获得一定的利润。例如东瓯游泳场、鳌江民众游艺场、电影放映队、录像队、舞厅、音乐茶座、书摊等,均属营利型。有的实际上是"文化专业户"。据不完全统计,永嘉全县目前约有文化专业户300户,其中有偿服务的占90%;无偿服务的占10%。营利型的文化团体和文化活动,有些社会效益和经济效益结合得比较好;有少数则只讲经济效益,不太注意社会效益(主要是少数录像厅和书摊)。但大多数只有少量经济收益,不少的只能维持生存甚至发生亏损。专业户办文化事业,不讲经济效益对他们中的大多数人来讲是不现实的,而且多数文化项目(如游泳场、旱冰场、剧院、游艺场等)其经济效益和社会效益是成正比的。目前看来,多数文化专业户经济收入都不太景气。平阳县鳌江文化专业户郑体强投资50万元办了"民众游艺场",如果将这笔钱拿去做生意、办企业,其经济效益是可想而知的;就是将这笔钱存入银行或放贷出去,光年利息就有上万元。虽然郑体强办游艺场是营利的,但其经济收入远远不及拿利息多,更不要说拿去办企业的赢利了。这一点郑体强事先不是没有计算过,但他考虑到办游艺场是社会效益和经济效益的"双丰收",还是投巨资办了游艺场。现在,郑体强办的游艺场对丰富周围群众的文娱生活的作用和社会效益是显而易见的,这说明,对文化专业户办文化的营利目的不可一概否定,有的甚至要支持、提倡,或给予必要的经济补偿。

五是自娱型。家庭文化设施、各种民间文化团体以及自娱性的文化活动,一般说来,其动机都是为了自我娱乐、自我教育、自我欣赏。这类文化使人们在工作之余自得其乐。

上述五种类型的文化建设,使温州近年来的文化事业有了新的发展。

我们从四个方面简单地概括和分析了目前温州文化事业发展的特点。从这些特点就可以看出,文化事业的进步和发展是离不开一定的经济基础和物质条件的,这是与温州这几年通过改革、开放、搞活、发展商品经济而形成的"温州模式"相联系的,是与温州的传统文化和温州人的文化素质相适应的。

在这里,应当指出的是,目前温州的社会文化发展也同各个方面事业发展一样,正处在一个新旧转换的交替时期。因此,许多旧的、陈腐的文化仍然残存着,特别是几千年因袭下来的各种封建残余的旧文化,表现得尤其明显,如以各种由头大修寺庙和祖坟等。这些消极的、腐朽的文化我们将在后面专门谈到。这是需要我们做大量工作来改进的。

四、思想观念的新变革

近年来,对温州城乡文化事业的发展,人们是有目共睹的。这是温州人精神世界量的方面,我们再来看看质的方面。

马克思指出:"在创造物质文明的生产实践活动中,生产者也改变着,炼出新的品质,通过生产而发展和改造着自身,造成新的力量和新的观念,造成新的交往方式、新的需要和新的语言。"(《马克思恩格斯全集》第 3 卷,第 40 页)毫无疑问,自然经济、小农经济向社会主义商品经济的转变,伴随着人们经济行为、生产方式的转变,同时必定也是一场意义更为深远的思想观念的变革。

近年来,温州人思想观念的变革,从积极角度说,主要表现在以下几个方面。

(一)精神面貌焕然一新

在人们的心目中,农村生活是日出而作、日落而息的。可是,商品经济发达的温州沿海乡村,早已失去了昔日田园的宁静。

今天的温州,到处呈现出一派百业俱兴、生机勃勃和欣欣向荣的局面。广大人民群众尝到了党的改革、开放、搞活、致富政策的甜头。面对自己通过艰苦创业收获的丰硕果实,他们感到欢欣鼓舞。日益富裕的生活,使他们对自己所从事的劳动充满信心,对未来充满憧憬和向往。

改革、开放和商品经济的发展,使人们在漫长的、沉寂的、半自给的经济环境中所滋生出来的无所作为、不思进取、墨守成规、故步自封、萎靡不振的精神状态,迅速得到改变。在商品经济发达、生活水平比较高的地方,不论男女老少,都给人以精神面貌焕然一新的感觉。

笔者曾问几位正在田头掘地的中年农民党的"分田"政策怎样。他们高兴地说:"好!好!现在我们虽然比过去'大集体'干的活儿多,更忙、更辛苦些了,但收入也多了,而且方便自在,少了不少扯皮的事,心情舒畅多了。"这里的青年更是大显身手,正信心十足地大干自己的事业。永嘉有两位运输专业户,日夜往返于温州和杭州,有时每天要工作近20个小时。笔者乘车途中问他们苦不苦,他们坦率地说:"苦是苦,但我们收入高,觉得乐在其中,有奔头。即便收入不是很高,也在创业中得到满足。"苍南金乡一位青年厂长说:"我现在领取每月200元的低薪,但精神上非常满足。"

温州的老人对自己的生活也同样感到从没有过的愉快、幸福和充实。他们平时也力所能及地帮晚辈干点活儿,更多的时间则是来到老人亭或文化中心交谈、喝茶、下棋,或者做一些社会公益事业。碰到来访者,老人们会津津有味地向他们介绍这里的变迁,而且不时地指着眼前的这些新变化自豪地说"这是我们自己干的"。他们内心的喜悦和充实溢于言表。

(二)政治意识的新觉悟

有些人认为,在商品经济、物质利益的冲击下,温州人只注重追求实惠和金钱,对政治不关心、不过问、没兴趣,因而温州人的政治热情、政治意识明显淡化了。对这一观点,我们也持有不同的看法。

近年来,温州人的政治意识是有淡化的一面,但同时也有强化的一面。而对淡化的一面,也还需要作具体分析,看看淡化地是否必然,是否合乎情理。

比如说,在今天温州人的意识中,过去那种崇拜权威、盲目服从的观念淡薄多了;过去那种开口闭口的"政治挂帅""阶级斗争为纲""大锅饭"式的集体主义、脱离实际的"空洞口号"以及行政命令等意识,的确淡化多了。有人田野调查了260人,其中有201人(占78%)认为"过去那些脱离实际的传统政治观念淡薄了"。这种淡化难道不合乎规律,不属于一种时代性的进步?!

与此同时,温州人适应现阶段时代发展需要的另一些政治观念,却得到了明显的强化。例如,在对260人的调查中,241人(占93%)认为发展社会主义商品经济、改革、开放、发展社会生产力,就是现在最大的政治。许多专业户、个体户、农民企业家会告诉你:"我们作为劳动者,作为平民百姓,生产搞得好,生意做得好,财富创造得多,就是我们的天职和'政治',就证明我们关心国家大事,为国家做贡献。"这大概是今天农民发自内心的朴素的"政治观"吧。尽管它显得有点片面和直观,但却实实在在,落地有声。因此,对温州人政治观念的淡化,应作具体分析,不可一概而论。

马克思主义认为,人们的政治态度、政治要求、政治行为以及它们的变迁和发展,首先是受他们的经济生活、经济地位和经济行为制约的。温州这几年改革开放的深入、商品经济的发展、社会生产力和生活水平的提高,使温州人的政治观念逐渐发生了变化。概括起来,主要表现在以下几个方面。

1. 政策观

随着经济的发展和人民生活水平的提高,温州人对党的十一届三中全会以来的方针政策更加信任,对党更加拥护,对有中国特色的社会主义制度更加热爱。洞头县①有个村的一位青年致富盖新楼房时,贴了一副红对联:"思前顾后,人民干部为人民;喜时忘悲,三中全会力无比",横批是"饮水思源"。

的确,党的十一届三中全会以来的方针政策,早已在温州人的心目中扎了根。人们对党的十一届三中全会以来的方针政策的认识日益强化。农民们用朴素的语言、朴素的方式,寄托着自己对党的现行政策的感激、拥护和爱戴之情。

过去,我们对社会主义缺乏科学的理解,在党的指导思想上又一度被"左"的路线所支配,片面追求生产资料所有制的"一大二公";奉行"平均主义""大锅饭"政策;否认社会主义的商品经济;坚持"以阶级斗争为纲";大搞政治运动,结果严重束缚和压抑了人们的积极性和创造性,使人民群众,特别是广大农民长期生活在贫困线上。党的十一届三中全会以来,改革、开放、搞活的方针政策,如春风化雨,温暖和滋润着温州人民的心田。原来压在温州人民头上的那一顶顶"资本主义"的帽子,终于被摘掉了。正是在党的改革、开放、搞活、富民政策的召唤下,温州人民一再被压抑着的积极性和创造性像火山喷发一样。他们开始富裕起来了,正在满怀喜悦心情向贫困的生活告别,由温饱型向小康型和富裕型生活迈进。

---

① 洞头县于 2015 年经国务院批准撤县设区,现为温州市洞头区。

他们从切身的体会中,感受到了过去"四人帮"搞的是假的社会主义,过去的那些政策是"左"的东西,只能导致贫困,是不值得拥护和信任的。而党的十一届三中全会以来的方针政策,才能真正引导我们脱贫致富。这样的政策值得拥护,这样的社会主义值得信任,因而他们更加拥护社会主义、热爱共产党,更加信任党的方针政策。

据经济比较发达的苍南金乡、钱库、龙港,乐清柳市等镇书记反映,现在是党群关系最好的时期。几年来,不少先进的个体户、专业户要求加入或已经加入中国共产党。"个体劳协"、专业市场等普遍建立了党组织。党在群众中的威信有了明显提高。

在社会主义新的历史时期,广大人民群众坚定地相信、拥护和执行党的方针政策,坚定地跟党走有中国特色的社会主义道路,无疑是社会主义精神文明建设的一个基本任务和标志。

现在,只要你走到温州广大农村的人民群众中去,就会立刻感受到他们那种信赖党的政策、赞颂党的政策、关心党的政策的炽热气氛。如今,他们对继续坚持党的改革、开放、搞活、致富等政策的愿望比往日更为迫切。

2. 安定观

"文化大革命"期间,温州社会也处于动乱不安之中,社会秩序混乱,重大案件时有发生,严重破坏了经济建设,也束缚了温州人发展生产的手脚。

这几年,城乡商品经济的大规模兴起,特别是在以个体经济、家庭工业为主要特征的"温州模式"的背景下,家家户户、男女老少都投身于商品经济活动的强大洪流之中。在短短的几年时间里,由于商品经济的迅速发展,温州城乡一共安排了近100万人就业。如今,在商品经济发达的城乡,已经很少有游手好闲的人,这就在客观上促进了社会的安定团结。

近年来,令人头痛的打群架、暴力冲突等案件大为减少。一些农村的宗族械斗竟奇迹般地消失了。现在,社会治安、社会秩序已明显好转。人们也更热衷于安居乐业,社会乱象基本上得到改变。全市发案率从1982年的13.75‰,到1986年下降为7.88‰,发案绝对数也下降了46%。人们在创业中得到了丰厚的报偿,得到了快乐,看到了自己的价值。这就感召了社会上一些懒惰的、不务正业的人也发奋投入到创业的队伍中来。

苍南金乡青年缪某,过去好吃懒做,夜里打牌,白天睡觉。后来,他从周围年轻人的创业中得到了启示,在他母亲的帮助下,和其他几个人合资36万元,从香港引进技术,办起了塑料涤纶厂,走上了勤劳致富的道路。

看来,商品经济的洪流的确可以冲走社会上的一些不安定因素,把社会上一些消极力量转化为积极力量。温州鹿城区黎明乡山下村从1983年以来,从没发生过刑事案件。苍南县龙港镇街道两旁的几家建材商店,许多建材物资堆放在门口,无人看守,很少失窃,原因何在? 龙港镇的领导说:"大家都富起来了,谁还干这种丢人的事。龙港人满脑子想的是如何用自己的双手去勤劳致富,搞这种歪门邪道有什么意思?"

3.自主、平等、民主观

温州的实践又一次证明,脱离实际的"一大二公""平均主义""大锅饭"和"铁饭碗"式的高度集中、统一的体制,不但不能激励人们奋发拼搏和积极进取的精神,反而使人们养成了"懒汉"思想,束缚了人们的手足,压抑了人们的积极性和创造性。

商品经济使劳动者成了具有相对独立经济利益的自主性实体,使劳动者个体的自主性得到确立,个体的积极性得到发挥,也就同步地增强了劳动者的主人翁意识和社会责任感。

在温州,你经常可以听到这样一句话:"我们温州人不想国家给钱,只要给我们政策就行!"自强、自立、自主观念普遍得到社会的认可和发扬。特别是年轻人,无论在发家致富,还是在社会生活的自我表现上,依赖别人、随大流的心理明显减少,而自主、独立、个性意识明显增强。据统计,温州青年靠自己创业的占77%左右。"靠真本事吃饭",已成了温州人普遍接受的基本价值观念。

劳动者自主、自立、自强意识的增强,必然会同时强化自己的民主意识、平等意识和自由意识。现在,只要你问一问农民和商品生产者,党的家庭承包制、允许个体经济、家庭工业存在和发展的政策好不好,他们会异口同声地说:"好! 我们不但可以致富,而且自由自在,不受管,有自我支配权了。"

看来,随着商品经济的发展、劳动者自主权的提高、经济实力的加强,人们开始摆脱由于小农经济基础薄弱而形成的自甘软弱、不相信自己能够救自己、把命运交给别人主宰、渴求"救星"恩赐等依附观念、等级观念,民主、平等、自由意识得到增强,并在他们的实践活动得到体现。

现在,在温州,你越摆"官架子",群众越不买你的账。对此,苍南县龙港镇委书记陈定模深有感触地说:"现在群众觉悟高了,平等、民主观念也增强了,你再要官僚主义作风,只知道发号施令,群众压根儿不服你。所以,我们的领导要自觉抛弃'主人'观念,树立'公仆'观念,多为群众服务。"

4. 地位观

党的富民政策、经济的迅速发展、生活水平的普遍提高、手中钞票的不断增加,使温州人萌生和强化了自己在社会上的价值观、地位观。

现在,不少经营大户年收入几万、几十万元,可谓"腰缠万贯"。钱在量上的多少,对他们也许无所谓了。那么,他们为什么还在拼搏创业呢?其中一个重要动力,是追求自己的价值和地位。在经济发达的乡、镇,谁厂办得大、办得多、办得好,谁生意做得活,谁有门路,谁合法赚钱多,谁在社会上的地位就高,谁就被认为有能耐,是个人才,谁就在众人眼中更有价值。因此,这些经营大户之间的竞争,不但是一种经济上的竞争,同时也是一种地位的竞争。

经济基础决定上层建筑和社会意识形态,这是唯物史观的基本原理。随着经济地位的提高,人们必然会在政治上提出更高的要求,更高地表现人的政治本性。

在温州,那些经营大户、供销大员、生产能人,好像腰杆子更挺,个子更高了。袋中钱有了,他们就期望在社会上有更高的政治地位,而不甘于在政治上是个"三等公民"。这表现在许多方面。例如,他们强烈要求"个体经济""家庭工业"的合法地位;渴望社会树立个体光荣、个体贡献大的舆论;希望领导多找他们,最好与其交朋友;他们对大干部光临显得十分高兴,因为这不但是一种心理上的满足,同时也可成为彰显自己地位的资本;他们对新闻记者的来访更感兴趣,因为通过新闻媒介可以"名扬四海";他们害怕自己被孤立,成为群众的对立面,因而希望别人也富,乐意帮助亲邻致富;他们很注意自己在社会上的口碑和名誉,因而普遍热心捐款办公益事业。

苍南县金乡镇文化服务公司要在狮山公园办一个文化娱乐中心——"园中园",其中农民集资七八万元,在公园立了一块石碑,凡捐款者按数额多少刻上名字。乐清县柳市镇集资建的老人亭,捐款者都可找到自己的名字。各地捐款办学的,当地政府都赠予"远瞩"等挂匾。乐清县近3年来农民捐资370万元办教育,市政府向111名捐款额达千元以上者赠送光荣匾。能不能拿到这种匾以及在石碑上排名的先后,无疑代表着荣誉的多少和地位的高低。

当然,这并不是说经营大户十分乐意把所有家底和盘捐出,也并不是说他们都能十分慷慨地捐款办社会公益事业。因为,他们毕竟是刚刚富裕起来的农民,他们心中还有怕政策改变的顾虑,他们也还有自己的一些难处。尽管如此,我们还是在这些富裕起来的农民身上,看到了他们追求社会声誉和社会地位的行为;发现了他们关注自己在社会上的位置、作用和价值的自我意识的觉悟。

5. 法制观

法制意识的强弱,被认为是现代社会公民素质、文明程度高低的一个基本标志。由于历史的和现实的种种原因,我国农民法制意识十分淡薄。发展商品经济,一方面会使经济纠纷案件增多,另一方面也有利于强化人们的法制观念,使大家逐步养成依法办事的习惯。

有的同志曾对商品经济发达的乡村与不发达的乡村作过对比调查,结果是:商品经济不发达的地方的农民,当碰上重大纠纷时,有 82.9% 的人要找组织解决,只有 8.6% 的找法院"打官司";而商品经济发达的地方的农民,当碰上重大纠纷时,尽管仍有 66.7% 的人要先找组织解决,但找法院打"官司"的有 20.5%,其比率远远高于商品经济不发达地方的农民。

经济活动由于常常要涉及"打官司"等法律问题,就使得农民们增强了法制观念。苍南金乡是标牌、证件的产销基地,但农民不懂法往往要吃大亏,而且祸及社会。

例如,前些年,全国名牌自行车严重紧缺,一些不法分子利用名牌厂家流出的少量商标组装冒牌自行车出售。金乡一些人获取这一信息后,也大量生产"凤凰""永久"等商标标牌投放市场,造成严重后果,也影响了金乡商标制造业的健康发展。这是缺乏法律常识和法制观念造成的。在经营活动中,少数人的"假冒骗"时有发生,因而要"吃官司"。金乡一位青年,为人家刻了一块假商标模子,赚了 80 元,后被有关部门查获罚了 1500 元。

通过对违法经济活动给予法律制裁和普法教育,各种假冒骗现象有所减少。一次,一个台州黄岩人到金乡要一位专业户印制 15 万张"黄梅牌"涤纶注册商标,加工费为 4000 元,主人发觉其手续不全,有假冒之嫌,不予接受。这个顾客又跑到北门另一家工厂加工,同样遭到拒绝。另一方面,外地人违反合同,无理拒付款项的现象也是存在的。因而温州人也常常运用法律的"武器"打官司。为了维护自身利益,做到合法致富,那些专业户迫切需要法律知识。他们主动啃有关法律的书籍,普法积极性很高,一个专业市场上法律常识课时,应到人员基本到齐。

商品经济的发展,正在呼唤和促使人们普遍增强法制观念,努力做到勤劳致富、合法致富。

6.观念形态的新蜕变

我国正在进行的改革实践,是从过去产品经济、计划经济向社会主义有计划商品经济、市场经济的转变,而社会经济体制、管理体制和人们实践行为方式的转换,必然会涉及和带来思想观念的时代性蜕变。

长期以来,我国商品经济很不发达,在自然经济和小农经济的条件下,人们在思想上养成因循守旧、故步自封、安于现状等陈旧的观念。随着商品经济的发展,过去那种半自给的小生产落后状态得到改变,使成千上万农民开始摆脱几千年自然经济的束缚。在商品经济的急流中,广大农民离土不离乡,跑遍全国各地,把自己的商品销往外地,又把外地的现代文明带回家乡,各种旧观念、旧思想、旧习惯受到了冲击、破除和变革。而一大批适应商品经济发展和现代生活要求的新观念、新思想得到萌生和发展,这加快了观念的变革和知识的更新。

温州的改革实践和商品经济的发展,使温州人的思想观念发生了多方面的变革。概括起来有以下几点。

第一,商品经济观念。我国历来有"重农轻商"的传统和旧习惯,而"好人不经商""经商无好人""无商不奸"的旧观念根深蒂固,农民经商更是被视为"不务正业",受到歧视、奚落和打击。

地处东南沿海的温州,早在唐宋时期就是全国六大手工业城市之一。温州人历史上素有走南闯北、以商为生的传统生活习惯,因而有较浓厚的经商意识,这种意识哺育了一批批能工巧匠和善于经商的能人。这无疑是一种得天独厚的传统优势。但是,由于我国长期的封建统治,半自给的自然经济长期占据主导地位,因而封闭、狭隘的小生产观念、小农意识相当浓厚。

新中国成立后,又由于在相当一个时期里实行"左"的指导方针,"重农轻商"的传统一直被沿袭下来。温州人的经商优势也未能得到释放。那时,除了官商外,个人经商就是"投机倒把"。农民办厂开店、外出经商就是"不务正业",把守田视为农民的本分,使温州广大农民死守在人均不到半亩的土地上,生产得不到大的发展,生活得不到明显的改善。

这几年,正是在发展商品经济的实践中,商品意识、经商观念在温州人中迅速地扩展开去,大面积地得到强化。当你一踏上温州的土地,那比比皆是的商品广告,村村户户的隆隆机器声和不绝于耳的叫卖声,顿时叫人感受到温州人强烈的经商意识。这里的小伙子如果不会经商做买卖,就不讨姑娘的欢心;而这里的妙龄姑娘们,并不认为外出做生意是不光彩的事情。不少经商的"农民能人"会告诉你:"我们过去种田,满脑袋装的是地头、锄头;现在想的是跑码头,看的是市头。"过去是经商下贱,现在变成了经商光荣。在商品经济发达的乡、镇,会不会经商,能不能办厂,成了一个人有没有能耐的基本标志。

伴随着商品生产的发展和商品经济观念的强化,农民们开始抛弃了小农式的土地观念,由昔日的"玩龙玩虎,不如玩土",发展到乐意"离土经商""离土进厂"。有相当大数量的温州农民甚至"离土又离乡",进集镇,到城市(包括北京、上海、武汉等大城市)"开店又办厂"。如今,不少人不仅不再死守一块土地,视土地为命根子,而且舍得把自己承包的土地让给别人经营,成千上万个农民踏上了"离土不离乡""离土又离乡"的致富之路。

据统计,商品经济发达的沿海农村,有60%~80%的劳动力从耕地上转移出来;全市有10%以上的农户从事家庭产业;全市有10余万劳动力外出跑购销或劳务输出;全市有几万个商业户,有几万个个俸运输户。我们要实现现代化,就必须结束8亿农民吃饭难的落后局面,必须把大批劳动力从种植业转移出来。

因此,发展商品经济、家庭工业、乡镇企业、第三产业,对于改变农民旧有的死守土地的传统观念,确立离土办厂、离乡经商的新观念,加速农业劳动力的转移进程,具有重大的历史性意义。

总之,今天温州的男女老少,都已开始确立了商品经济的意识,他们对发展商品经济、外出做生意有着强烈的愿望和热情。"生意兴隆通四海,财源茂盛达三江。"这是今天的温州人对自己重商观念、经商活动的真实写照。

第二,改革、开放、开拓、求实、创新观念。我们今天所面临着的时代,是一个全面改革、开放、开拓、求实、创新的时代。生活在这样的时代,只有树立起改革、开放、开拓、求实、创新的观念才能适应时代的需要,才能做时代的佼佼者。生活在小农经济和迷信、禁锢状态之中的人,只能形成封闭狭隘的心理结构,培育出迷信权威、盲目服从的思想观念,养成单一、直观的思维方式。

党的十一届三中全会以后,我们党在指导思想上实现了彻底的拨乱反正,使大家开始从"迷信""盲从""麻木""书本""指示"的迷宫中走了出来,自主观念、求实意识得到确立;实行全面改革,对外开放,对内搞活,发展商品经济,也有力地冲击了僵化、封闭的管理体制,冲洗着不思进取、畏怕变革、"唯我独尊、唯我独革"等狭窄、陈腐观念,人们的视野和眼界大大开阔了,逐步形成了锐意改革开拓、勇于求实创新的新观念。

不唯书不唯上、要唯实要务实的观念在温州人的头脑中已占据着相当的位置。过去,人们往往认为上级、领导的话就是"圣旨",就是"正确的指示",下级和群众只能点头说"是",只能"照办"。而现在的温州人,却敢于独立思考,对于不符合实际的"指示"敢于打个问号。

求实创新的意识和行动,是温州人的优势之一。早在 1958 年,温州人为了摆脱贫困,曾先后搞过包产到户、集市贸易、劳务输出、外出经商等创造性的经济活动。但这些人一次又一次被斥为"修正主义的黑货"而屡遭批判,被视为"资本主义的尾巴"而屡遭打击。可他们总是"批"不倒、"打"不完,照样还有不少人"偷偷摸摸"在"地下"干他们那一套。

党的十一届三中全会以来的方针政策,为温州人发挥自己的改革、开放、开拓、求实、创新的优势提供了良好的社会条件,使温州人如鱼得水,被压抑着的创新能量得到了释放。他们敢为天下先,"敢吃第一口"。还在社会上普遍认为土地只能自家经营不能转让经营时,他们就率先实行了土地转包;还在有关文件禁止的情况下,他们就大胆地实践着转让合同、挂户联营、浮动利率、扩大雇工等。当遇到种种阻力时,他们没有却步,仍坚持自己认准的路,并据理力争:"社会主义没有现成的永远不变的政策,手脚干吗要让旧框框束缚住,为何不能从实际出发进行探索。""我们一不偷、二不抢,干得是有益社会的生产,所得来自劳动,于心无愧。"

改革、开放、开拓、求实、创新的意识,为温州经济的崛起起了先导和推动的作用,也造就了一大批有气魄的能人。温州农村 10 余万名供销员,走遍天南海北,以特有的艰苦奋斗精神和创新能量,为温州商品经济的发展捕捉、传递信息,开辟市场,沟通供、产、销的渠道,成为温州经济发展的先锋队。据说,苍南县宜山区的上千名农民供销员,为推销产品和购得原料,跑遍了除新疆伊犁地区以外的全国各地,还有的供销员甚至误入缅甸。

现在的温州,在国营工商业单位涌现出了一批锐意改革、善于经营的企业家。在街道企业、乡镇企业、个体企业和农民私人企业中,冒出了一批批有胆识、有才干、锐意进取、勇于改革的企业家和经营家。苍南县金乡镇的叶文贵,就是一个从农民成长起来的青年企业家。他敢于改革、创新、开拓、发明,是金乡的大"红人"。当金乡铝制标牌原料短缺,而大量下脚料又没有出路时,叶文贵投入巨额资金,创办了轧铝厂。之后,根据生产的需要,叶文贵又创办了压延薄膜厂,解决了红膜再生的难题,试制成功了大型高频机和手摇切片机,成倍地提高了加工红膜塑片的效率。现在,叶文贵这位拥有几家企业、上百万资金的农民企业家,胸怀大志,继续开拓前进,正在为实现更高的目标、更大的理想而拼搏。

第三,时效观念。在自然经济下生活的农民,"拖拖拉拉"是他们的代名词。过去,总认为时效观念强只是现代化大企业的"专利品",而农民仅仅习惯于日出而作、日落而息,一年下来只满足于不愁吃穿而已。然而,商品经济蓬勃发展的洪流,犹如一种加速人们运转的催化剂,改变了昔日农民那种传统悠闲的时间观念。

现在,在温州几乎看不到那种"早上看日头,晚上坐桥头"的悠闲人了。商品生产基地到处马达声声,人们忙碌不停,生活节奏明显加快,办事效率明显提高。农民们深切地意识到,悠闲固然自在,但是缺少的是效益和财富;忙忙碌碌固然辛苦,但能改善生活,带来财富,还能改变人的惰性。

在从事商品经济的温州人心目中,"时间就是金钱""效益就是生命""一寸光阴一寸金,寸金难买寸光阴",是看得见、摸得着的"真理",他们普遍惜时如金,对时间有一种"紧缺感"。温州人给外地人最深的印象之一,是来去匆匆,忙碌不停。

在温州,家庭工厂厂主和推销专业户都是安排时间的精明人。他们从实践中认识到,商品生产大发展的时代,一天一个行情,所以要天天跑市场,时时捕捉变化不断的信息,不放过任何机遇。在温州,"有时相差 1 小时,就会丢掉 1 万元的生意";在温州,家庭工商业户和私营企业存贷利息有的是按小时计算的;在温州,一些商业户的经营效率高得惊人,比如,最快的,从上海进货到销完只需六七天时间;在温州,个体户们的资金周转要比国有企业快几倍乃至几十倍;在温州,能在 20 天时间内将温州货运到全国各个地方;在温州,自行车相撞,两人对视一眼就匆匆离去,因为他们没时间争吵;在温州,夜市热闹异常,白天与夜晚几乎没有"间歇";在温州,请商户开会,他们要么谢绝,要么按时到,但一旦会议没他的事了,就立即告辞而去;在温州,人们为了赶时间、讲效率,常常是白天直接跑市场摸行情,晚上打电话联系业务;在温州,人们常常是争分夺秒赶制和销运产品,有的家庭工厂男女老少齐上阵,日日夜夜不停机,实行"三班制"(一般是 5 时至 17 时由小青年当班,17 时至 24 时正劳动力出勤,24 时至 5 时,老人替补);在温州,不少供销员外出途中日夜跋涉,为适应这种需要,夜间班车应运而生,开往金华、杭州、南京、福州、上海、宁波等地的夜间长途班车达 50 多个班次,日客流量达 1500 多人,还出现了没有铁路的"火车站"(在温州可以订购到全国各地的火车票);在温州,不少专业户家里安装了电话,他们说:"装了电话,信息灵,时间省,效率高,划得来。"

的确,在商品经济发展较快的温州城乡,人们"惜时如金"的观念,显得比过去要强烈多了。

第四,信息观念。各种经济信息,是商品经济的"命脉",是商品生产者的"顺风耳""千里眼"。商品生产的客观规律,市场竞争的内在要求,使温州人越来越认识到及时捕捉、传递、筛选和运用信息的重要性。"信息就是财富"已成为温州人的常识。温州过去传统的"不闻不问天下事"的闭塞落后局面,正在消失。温州的个体户、专业户视野开阔,信息灵通,对市场信息特别重视,对政治的、文化的、社会生活的各种信息也不轻易放过,并常常能奇迹般地将之转换成物质财富。

举个例子来说,1977 年,当时全国高校刚恢复招生,苍南金乡人就敏锐地捕捉到这条致富的信息,因为这意味着成千上万的大学生需要校徽和学生证。他们立刻设计了精美的校徽和学生证,依靠这个信息赚了大钱。温州人获取信息的途径、办法、渠道多种多样,可谓五花八门。他们对信息的"嗅觉"灵敏度非常高,能在别人根本不当一回事的地方"嗅"出有价值的信息。

温州商品生产者获取信息的主要渠道和办法有以下几种。

一是从报纸杂志上猎获信息。报纸杂志成了温州农民的一个重要的信息源。如金乡镇报刊订阅量近 1 万份,平均每 2 人一份。一户订 10 来份报刊的比比皆是。有的专业户自己看不了,就雇人帮着看。他们对报上的新闻细细琢磨,加以联想推理,有时"灵机一动,计上心来",一则新闻即变为一条致富信息。如他们看到某部队帮助某地方救火,即联想到这一部队必定驻在该地附近,就立即发函联系购销业务。

二是从工商企业名录和电话号码簿上取得信息。有不少专业户购来各城市的电话号码簿和《全国工商企业目录》,从中搜集企业、单位的名称,分析其性质,再根据自己的产品及其用途,综合成有用的信息,有针对性地让自己的产品进入可能的市场。

三是通过寄发业务信函,进行信息反馈。金乡镇每天通过邮局寄往全国各地的业务信函达 10 万封,以此沟通供、产、销的信息通道。

四是直接上门洽谈业务,征询供、产、销信息。温州 10 万供销员足迹遍布全国各地,从各种市场上直接搜集信息。10 万供销员也就是 10 万个信息员。

五是同全国各地有关单位和个人建立业务联系,定期或不定期地获得有关情报和信息。

六是通过参加有关业务或信息交流会捕捉信息。如瑞安县阁苍乡有个农民为了搜集信息,自费参加了一次全国性的轻工业技术经济信息交流会,他不但获得了有关信息,还与几十个研究部门、大专院校建立了经常性的信息联系。

七是从电影电视中获得信息。在欣赏电影电视节目时,他们也不会忘记自己的“专业”。做服装的更注意观察影视中的服装样式,卖纽扣的更留心纽扣品种……他们一旦捕捉到新信息,就马上设计投产。

八是通过电话寻找信息。电话是加快信息传播速度的有效工具之一。近年来,温州农村兴起了“电话热”。农民个人装电话机的数量颇为可观。据乐清县对 10 个乡镇的统计,农民个人装电话已超过 1000 部。有的专业户不仅在企业里装电话,还在自己家里装电话,有的一户装了 3 部电话。如今在商品经济发达的乡镇,人们大都是装起了千元以上的自动电话总机。有的专业户每晚同北京的信息点保持定时的电话联系。北京市场所需的某类小商品,第二天就可装车发运出去。

商品经济的发展,普遍强化了温州人的信息观念,出现了信息专业户、民间“信息家”“信息大王”“目录大王”,以及综合性的“信息公司”和信息协会。例如,市区有个体户办的东风信息公司,专营信息。这个公司订阅全国各地近 300 份报纸,从中捕捉、摘取有关信息,通过筛选、分析、归类后编成信息专集,出售给有关单位。苍南县金乡镇百余户专业户组织了“科技经济信息协会"，办起了一份"信息报"，与全国2000多个单位建立信息联系。

商品经济的发展，迫使人们加强信息观念，重视信息的作用。而信息观念的增强，又促进了商品经济的更快发展。

第五，竞争观念。商品经济的发展，同样促使竞争观念不可阻挡地深入到温州人的头脑中。

在温州人看来，办厂做生意，竞争是十分自然的事。当你一跨入商品经济发达的城镇和乡村，一股竞争的气息就会扑面而来。这里家家户户是工厂，男女老少皆经商，加上星罗棋布的大大小小的市场，使温州无形中形成了竞争的"海洋"。

街道两旁的商业广告比比皆是，屋堂门前的样品琳琅满目。他们不但与本地同行展开正常的竞争，而且敢于同外地的高手来一番"较量"。例如，某地一个卷烟厂在寻求生产高级卷烟的配套塑料包装材料的过程中，居然选中了温州苍南金乡一家小厂，而且这家小厂同时击败了京津沪穗等地的国营大厂，9天内就拿出了高级塑料包装样品，在激烈的竞争中一举夺标。正是在竞争中，这些小企业从花色品种到价格，从产品质量到服务态度，都不断得到提升和改进。竞争出效益，竞争出实力，竞争促进步。

"安于现状""知足常乐"，追求平静安稳的生活，是传统小农的特有意识。现代商品经济冲垮了静态式的小农生活的堤坝，使人们确立起拼搏竞争、勇于进取、敢冒风险的观念。据调查，有一笔可获利500元的生意，但需要1000元做资本，同时保险性只有90%，长期从事商品经济和做生意的12个人中，就有11个人敢冒此风险；而从事种植业、不外出做生意的57个人中，只有3个人敢冒此风险。

温州素来有"胆大做将军，胆小做蚊虫"的竞争观念和风险意识。这几年商品经济的发展，更加强化了他们的竞争观念。温州人不但不害怕竞争，还十分欢迎竞争。在他们看来，跑生意，做买卖，相互之间竞争是无法避免的事。有不少人甚至说"竞争才有味道呢！"有一个做服装生意的小姑娘说："优胜劣汰，对个体户是最现实、最无情的事实。国有企业还讨个'破产法'，我们用不着，市场管着呢！"一个农民企业家说："干一番事业就要冒风险，求安稳就无法进取。"

竞争、风险是一种巨大的内在动力，刺激着商品生产者的积极性和创造性，推动着社会生产力的发展，也促使现代商品经济的生产者更快地适应环境,更好地成长起来。

温州农民的竞争观念强,竞争气魄大,他们敢于面向世界上的大城市,瞄准国际市场。据统计,苍南县目前有 24 家创汇企业,1986 年各种出口口岸创汇达 1600 万元,1987 年出口创汇达 3100 万元。至于到全国大城市做生意的人,为数更多。据不完全统计,经销温州小五金、塑料薄膜制品、腈纶等产品的商店,仅跻身于北京、天津、上海、武汉等大城市的就有 1100 余家。光永嘉县桥头镇纽扣生意人,在全国各地就承包了 3000 多个专柜经营纽扣,生意格外兴隆。不少农民还连人带资金外出办厂,例如,仅再生腈纶纺织品基地的苍南县宜山区,就有 700 多名生产能人,携带资金,到湖南、山东等 10 多个省市"安家落户",与当地人联合投资办企业。从今天温州农民的竞争、风险意识中,我们的确看到了"小能人,大气魄"的一代新型农民正在脱颖而出。

此外,温州农民的市场观念、消费观念、知识观念、人才观念等,都发生了时代性的蜕变。

变革的时代,必然伴随着观念的变革。社会经济、物质生活的进步,终归会艰难地造就出新的文化、新的思想和新的观念;而新的思想观念和文化又将对社会经济、物质生活发生积极的推动作用。尽管温州人的观念世界是纷杂而不平衡的,但他们变革的范围之广、层次之深、速度之快、收获之多,是令人思索和振奋的,而且变革的主旋律是积极向上的。

但愿温州人的思想观念变革,继续向着积极、健康、文明、科学的方向阔步向前!

五、道德意识的新境界

有些同志认为,温州这几年商品经济的发展,对促进人们思想观念的变革和文化教育等事业的发展,的确是有积极作用的。但人们的伦理道德水准是普遍下降和落后了的。事实又是怎样呢? 我们认为,这个问题同样需要具体分析。

改革、开放和商品经济的深入发展,社会生产力的大幅度提高,思想观念的震荡和变革,自然会带来历史发展中"更年期"的某些紊乱现象,引起处于思想观念最深层的伦理道德规范和价值观念的某些变化,甚至会发生强烈的

"阵痛"。

的确,在改革、开放和商品经济迅速发展的今天,人们的许多经济行为、社会行为同某些传统的道德观念发生了时代性的冲突和撞击;过去被人们认为是理所当然、千真万确的伦理规范,现在有些已经逐渐和现实生活发生了脱节;而一些在以前看来是不光彩的事情,却慢慢地浸入到我们的现实世界,成为调节现实生活的标准和行为的尺度了。这种现象,是不值得大惊小怪的。因为,任何社会的伦理规范、道德观念的产生、存在和变迁,都根源于社会的经济基础。任何人都会自觉或不自觉地从现实的经济关系、物质生活中树立起自己的道德观念。因此,经济关系和社会物质生活的调整、变化,必然会使道德意识和思想观念发生变革。

伦理道德作为评价人们在主观活动中各种行为好坏与否、善恶与否的规范和准则,是经济基础的反映,是有明显的时代性和变动性等特点的。改革开放和商品经济的发展,正在许多方面改变着传统的道德观,呼唤着与我们时代精神相适应的新的道德观。温州人的道德观念正多方面地发生着变革。

(一)劳动观念的强化

社会主义社会和共产主义社会,都必须建立在社会成员自觉的劳动和社会生产力高度发达的基础上,他们要把劳动当作自己基本的权利和义务,当作光荣豪迈的事业。热爱和自觉地参加劳动,是社会主义伦理道德观的一个基本内容。

过去,由于"左"的思想的影响,社会主义按劳分配的原则未能真正得到贯彻和落实,使社会存在着平均主义、吃"大锅饭"、捧"铁饭碗"的现象,从而助长了人们好吃懒做、好逸恶劳的思想,人们的劳动积极性受到挫伤,劳动热情受到压抑。

在社会主义时期,人们的劳动觉悟和劳动热情无疑是同物质利益相关联的。社会主义商品经济的价值规律所体现的经济关系,主要是劳动人民之间的物质利益关系。这种利益关系实质上是一种"劳动交换"的关系,它要求尊重人们的劳动和贡献。劳动的数量和质量同劳动报酬直接相关联。因此,商品经济的发展冲击了不劳而获、少劳多获、好逸恶劳等剥削阶级的陈腐观念,强化了以劳动为荣、勤劳致富的观念,调动了劳动者的积极性,激发了劳动者的劳动热情。现在,温州人以劳动致富为荣、以懒惰为耻的观念大大增强;热爱劳动、吃苦耐劳、奋发拼搏的精神被大为发扬。

不少人以为办家庭工厂、跑买卖、做生意、赚钱是十分容易、轻松的事情。其实这些是要付出辛勤的劳动和汗水的。办工厂的往往要日夜操劳,每天只睡六七个小时;跑买卖的常常是日夜兼程、长途跋涉,几天几夜不能睡一次舒服的好觉。不付出艰辛的劳动,就不可能赚钱致富。温州人深谙"收入与付出"的关系,通晓劳动与致富的内在联系。例如,你如果半夜要赶车船,只需和出租车、三轮车的车主打个招呼,他们准会按时到客房敲门唤醒你,送你上车站码头。虽然车主挣了钱,但他也付出了辛苦的劳动;你也争得时间,可以合理安排休息和工作。在温州,谁赚钱,走劳动致富的正道,又有本事,谁就普遍受人尊重;谁不劳动,不会赚钱,哪怕有"铁饭碗",也没人瞧得起。在乡村,人们都各司其职,忙忙碌碌干自己的事;在大街上,许多妙龄少女或风度十足的小伙子都在摆小摊做买卖、蹬三轮。

总之,温州人的劳动观念、勤奋精神普遍有所强化。

(二)义利观念的变化

义利观念历来是道德观中的一个重要内容。

"重义轻利"是我国传统的利义观。从孔子的"君子喻于义,小人喻于利",到董仲舒的"正其义不谋其利,明其道不计其功",甚至到今天,还有不少人贬低物质利益和物质享受。传统的义利观主要表现在轻买卖、贬商贾,把人们的物质利益同"仁义道德"绝对地对立起来,认为重利者,必定是不仁不义的下贱之辈。

因此,人生的价值在于忠孝礼义,"存天理,灭人欲";以苦为乐,以穷为荣,为富不仁,以"财"为"修";知足常乐,安贫乐道,不求富但求安,不求财但求义,不患寡患不均;不管如何穷困潦倒,挨饿受冻,只要满腹仁义道德,满脑三纲五常,便是最大的"富有"、最大的"快乐"、最大的"幸福"!这种把"利"和"义"截然对立起来,甚至要通过消灭"利"来维持"义"的观点,只能导致严重的消极后果:抑制人们的积极性和创造性,削弱社会的生机和活力;使人安于清贫而不求上进;只求内心的完善而不求身心的和谐发展;只重精神的力量而无视生产的决定作用;等等。

中国社会几千年的封建历史所产生和维护的封建伦理,使人们陷于求义而排利的狭小天地里,束缚了人们的心灵和手脚。这种"义利观"尤其是与商品经济的价值规律、竞争规律格格不入的。因此,当改革、开放打破了旧有的平均主义,当有计划的社会主义商品经济的发展使人们增强了物质利益观念,当真正实行按劳分配、生产责任制、富民政策而出现先富后富、收入差距的时候,必然会使得原有"义利观"的天平倾斜,发生义利的道德论战。

过去,我们曾一度否认商品经济和价值规律,无视人们的劳动成果和合理的物质利益,片面地强调"斗私批修"。离开社会主义物质利益原则,侈谈"思想政治工作"和"精神力量",这不但严重地损害了劳动者的积极性,阻碍了社会生产力的发展,而且使人们对"思想政治工作"和"道德说教"产生了逆反和抵触心理,反而淡化了"义"的道德境界。商品经济的发展和价值规律的作用,决定了商品生产者必须讲究效率、重利、取利和求利。

在温州人的眼里,善买卖,会赚钱,能发财,是值得自豪和受人尊重的,并不是不义之举。人们普遍认为,只要劳动致富,合理取利,正当发财,对社会、对国家、对他人、对自己都有好处。这就是"善",这就是"义"。"宁要空头的义,不要实惠的利"的观念,被"没有利也就无义可言"的观念所取代了。在他们看来,只要合法,个人致富于他人、于社会并非是不义、不仁的;与其我穷你贫,不如部分人先富起来,以富带穷或以先富带后富;辛勤劳动,为个人、为自己、为他人、为社会创造出更多的财富,就是真正的仁和义。

因此,"重利"并非一定"轻义","取利"的经济行为并不一定同"重义"的道德行为相冲突,更没有必要通过牺牲"仁义"去求利、取利。反之,也没有必要通过牺牲"利益"去求仁、求义。

在发展社会主义商品经济的过程中,"义利"是可以,也应该是统一的。以劳动为尺度,以法律为准绳,劳动致富,合法取利,就是义;不劳而获,非法取利,就是不义。这就是我们今天应该提倡的义利统一观。

温州商品经济的发展,使个人劳动成果和经济行为结合了起来,社会主义的物质利益原则得到了真正的贯彻,从根本上解决了"利"和"义"的对立,一种适应社会主义商品经济发展和时代需要的新的"义利统一观",正在逐步形成。

(三)贫富观念的革新

我国尚未经历过商品经济发达的历史阶段,落后的小生产的"均贫富"思想、"不患寡而患不均"的伦理观念根深蒂固,再加上多年来"左"的错误,给我们社会的政治、经济和精神生活造成了很大的危害。消除平均主义和"大锅饭"的影响,自然是一个不可忽视的长期的任务。

商品经济的发展和按劳分配的贯彻,使陈腐的"均贫富"的观念受到了巨大冲击。因为,商品经济和按劳分配是不承认平均主义的;是鼓励劳动者追求经济利益,开展竞争和优胜劣汰的;是承认生产者的天赋差别和劳动成果上的差别的;是允许贫富拉开差距和一部分人先富起来的;是激励劳动者既为自己也为社会创造更多的财富的;是激励勤劳,鞭策懒惰而不接纳、也不保护落后的;是要求劳动者"八仙过海"、各显所能的。

因此,在温州,党推行的允许一部分地区和一部分人先富起来的"富民"政策深入人心;人们对靠劳动合法先富起来的"万元户""专业户"和"能人",并不感到"不舒服",犯"红眼病",而是认为这是理所当然的;率先富起来的人在当地普遍受到尊重,社会地位、知名度、感召力相应提高。过去的平均主义只能导致"捆在一起受穷"。现在允许贫富拉开差距的政策,非但没有导致"贫富两极分化",还使千家万户都波浪式地普遍富裕起来。温州人在脱贫致富的实践中,逐步发展出了一种贫富有差距、富裕有先后的新的贫富伦理观。

据有的同志调查,在商品经济发达的富裕地区,人们对收入差距的理解并不那么狭隘和斤斤计较。他们认为,两极分化是指贫与富两极各自背向地延伸,而我们现在的收入差距是在同方向致富过程中的多少、先后、快慢之分,这对大家都是公平的。因为,既然要发展商品经济,承认生产者是相对独立的利益实体,实行按劳分配原则,而有的人能力又比别人强,那么把相对优厚的报酬给予这些劳动者,是十分自然的事。用他们的话说,"凭自己的劳动赚钱,这叫本事""我们只相信凭真本事吃饭"。一位摆小吃摊的人说:"别人发了财,我不眼红,那是人家的本事。但我要和他比试比试,我也相信自己。"

看来,在富裕起来的地方,平均主义、"大锅饭""不患寡患不均"那一套已经吃不开了。相反,在自然经济、小农经济、小生产方式占主导地位的贫困地区,人们的平均主义"贫富观"似乎依然如故,至多只是这种"贫富观"的外层受到一定程度的冲击和震荡。瑞安县营前乡洪地村,是一个商品经济不发达的相对贫困的乡村。有的同志曾做过一次抽样调查,这个村的村民有50%以上表示要为"共同致富"而努力,其比例高过商品经济发达的富裕乡村近一倍。但就是这个村,有200亩茶园,谁承包谁就会率先致富。然而,也许是在平均主义分配体制下生活时间太长,人们习惯于吃"大锅饭"了,这个村的村民始终抱着"有利大家沾,要富大家富;不能共同富,也要一块穷"的"信条"不放,结果茶园承包不下去,眼睁睁地看着它荒芜下去。像这样"端着金饭碗挨饿"的病态现象,在商品经济发达的富裕乡村已经是很少见的了。

事实一再证明,不改变平均主义、"大锅饭"式的"贫富观",真正树立起在劳动基础上有先后、有差别的"贫富观",经济生活就会失去生机和活力,劳动者的积极性就难以充分焕发出来,其结果,不但不能实现大家共同富裕,而且只能是大家围着"大饭锅"喝"稀饭"。温州人在发展商品经济和发家致富的过程中,开始摆脱小农伦理思想的"贫富观",增强了对收入有差别、富裕有先后的心理承受力。

这种分配观念上的变革,将对社会经济生活发生不可低估的能动作用。

(四)公与私、个人与社会观念的新认识

公与私、个人与社会的关系,从来是社会伦理道德的中心问题之一。

一般说来,在任何一个社会、任何一个时代,社会范围内普遍起规范作用的伦理道德,都是反对通过牺牲公共的、多数人的和社会的利益来谋取私人利益,而提倡集体的、社会的利益高于个人利益的。当然,在私有制的社会里,伦理规范与现实生活总是严重脱节的。不过,也正因为如此,上述道德伦理的贬褒规范才具有存在的必要性和合理性。社会主义社会里,公与私、个人利益和社会利益是统一的,因而伦理道德没有必要贬此褒彼或褒此贬彼,只是当个人利益与社会利益、公与私发生矛盾时,社会主义道德才要求人们自觉地服从社会的、集体的、他人的利益,必要的时候甚至牺牲个人的利益。

但是,我们过去却往往把公与私、个人与社会对立起来,以为二者是截然不同且水火不容的两极;以为私是注定卑鄙的罪恶之源,立公必破私,维护集体、社会利益便要清除个人利益;等等。这就把"公""社会利益""集体主义""公而忘私"推到了无条件的孤立的极端,使其超越、脱离了现实的根基。当

然,如果有人走向另一个极端,用个人利益否定社会利益,把个人看作高于社会之上,那更是荒唐而与社会道德相背离的了。

在一些人的心目中,总以为那些专业户、个体户、万元户,必定是"唯利是图""唯财是命""自私自利"的贪图金钱者,其实,这是很不公道的。在温州人,尤其在温州年轻人的心目中,他们对公与私、个人与社会有自己独特的"理解":公离不开私,私离不开公,纯粹的公或纯粹的私都是不存在的。他们认为:"我们赚了钱,也为社会提供了服务,创造了价值;我们赚的钱越多,意味着对社会的贡献也越大。那些不为社会生产财富、创造价值的人,才是真正的自私者。我们是既为私、又为公;我们要赚钱,但不要不义之财。"

我们知道,改革的基本精神和基本经验,与切身利益层层挂钩,实行责权利的有机结合。这就不能不在相当的程度上,与原先以克己、忘私为基调的某些社会伦理规范发生了"冲撞"。是维持原有的一些不切实际的道德观念,还是面对现实,促进改革?温州人勇敢地选择了后者。

当然,在冲突、选择、转换的过程中,也有不少温州人拐进另一个极端,只讲金钱,不讲道德;只顾个人利益,不管他人和社会利益,做了一些不应该做的"恶行",如"假冒骗"等。但绝大多数人树立起"小河流水大河满""家盛而村旺,民富而国强""我为人人,人人为我"等的观念。温州人认为公与私、个人与社会不是对立的,双方不是你死我活,而是目标一致、互为存在条件的。个人的发展是集体发展的动力源,集体的发展构成个人发展的条件。与此同时,他们还认为,公私之间的义务和权利也是相互对等的。

现在,温州不少人口袋里有钱了,但他们并不都是金钱的奴隶。他们开始富有了,但并没有几个人"退下阵享清福"。他们为个人、家庭、企业而奔波、拼搏,但并没有几个人忘记自己对他人、对社会的责任。瑞安县一位经营能人,办起了全村第一个企业——胶木厂,几经曲折,该厂终于取得了成功。他自己富了,又带动全村人共同致富,帮助村里办起了7个企业,使全村80%以上的劳动力进厂当工人。又如瑞安县横塘村的陈良昆同志,一心扑在办厂上,把自己平时积累的资金大部分都用到创业上去。这几年他创办了5个厂,使全村很快富了起来,群众称他是横塘的"招财爷"。

温州农民共同致富的一个明显特点是,能人创业,专业户示范,亲帮亲、邻帮邻,家家户户模仿,逐步形成"一村一品"的专业村,使不少农村较快地共同富裕起来。

不要不义之财、助人为乐的"万元户"也有不少。这里,我们就讲讲发生在永嘉县桥头镇纽扣市场里的几则小故事。

纽扣市场第 26 号摊位的叶云玲,不昧"飞来之钱",将湖南一位采购员几天前遗忘在摊位上、装有 2400 元钱的小提包,完整地保管好并还给失主。她说:"钱多少不稀奇,无论拾到什么东西,都要还给他人。"有位王姓摊主既做到文明经商,又做到助人为乐,群众有困难她就解囊,顾客有病她也乐意帮忙。1985 年冬,江西有个青年在金华丢了钱包,来桥头后没饭吃,躲在山上坟洞里过夜。她闻讯后,把他领回家,烧面条给他吃,还给他 15 元钱,并到群众中为他募捐了 300 多元,让他回家过春节。次年,这位同志带了妻子,专程到桥头向她和乡亲们道谢。1985 年 9 月,青田服装社一个供销员到她的摊位买纽扣,回到旅馆发现丢了钱包,慌慌张张跑到市场寻找,她立即把钱包还给他。这位供销员很感动,硬要给几张钞票酬谢,她说:"我们桥头人做生意应该这样做,不必谢。"从此,这个供销员每次来桥头,都要到她的摊铺做生意。

一讲到私人企业、个体户,也许有人不由自主地会想到一位著名学者当年入木三分地刻画资本家贪婪本质的情景:棺材老板希望多死人,治病医生希望病人多。那么,温州的个体户、专业户又怎样呢?他们是不是金钱至上、唯利是图之辈呢?作为商品生产者,他们当然要讲究经济效益,但他们中的多数人能够做到劳动致富、合法致富,还有不少人把信誉看作比金钱更珍贵的东西。苍南宜山镇个体购销员赵开良就是这样的人。一次,一家公司发错了货,多给了他价值 1800 元的大块腈纶拼料,他却分文不贪如数将它们归还。这家公司经理很为感动,称赞他"1800 元也买不来的信誉"。

像赵开良这样的人和事,在各种专业户、购销员、个体户中多得很。裁缝个体户夏苗苗,自 1986 年荣获温州市首届时装设计大奖赛优秀设计奖后,许多人慕名而来加工服装,她的店里门庭若市,生意应接不暇。有人给她出主意:"你手艺好,名气大,裁缝工钱提高点,生意照样有,自己收入还可增加。"可夏苗苗却说:"现在我们市服装加工业的收费够高了,而且还有继续涨高的趋势,应该多考虑广大消费者的利益。温州的女青年喜欢漂亮、崇尚美,我要用自己的技艺把她们打扮得更美丽。"她不仅没有提价,从 1987 年起还陆续向市区纺织、塑料行业单位的女工发放服装加工优惠券,提供按七折收加工费的优惠。

饮食个体户刘志女的事迹更为动人。她在温州市首届个体劳动者"我爱这一行"的演讲赛上,汇报了她在做生意中的所思所为。她演讲的题目是"别人都说我是不会赚钱的'老板娘'"。我们不妨将她的一段演讲稿抄录于后:

开店门,盼生意,这是人之常情。可是我这个人却有点怪,既盼生意兴隆通四海,又怕顾客多吃多花钱,也就是说,顾客要多吃,我少卖,顾客要再喝,我不给。这样一来,我这个被叫了6年的"老板娘"雅号前面又加上"不会赚钱"4个字,成为"不会赚钱的老板娘"。

年轻人结伴进店吃饭是常有的事。但是近年来受了高消费的影响,有的年轻人抽烟要长嘴子①,喝酒要高脖子,一味地讲派头,不顾自己的"经济实力"。猜拳赌酒,狂吃滥饮,习以为常;也有的吃喝得喉咙嗷嗷响,晕头又转向,还一个劲地加酒呀、添菜呀……每当我碰到这种情况,我并不为自己能多得生意而高兴,小饭店也是社会主义精神文明的窗口。于是我走上前耐心劝阻:"大家肚子填饱了,酒也过瘾了,也就是了,如果再添酒菜,饮食过量,既造成浪费,又影响身体健康,还是欢迎大家下次再来。"对个别不听劝阻的,我还得要要"刁"。要么说这种酒没了,要么说那个菜卖光了,想方设法将他们"逼"出去。我这样做,有的人感到不理解,说是"别人开店巴不得顾客要酒要菜,而你却不让顾客多吃多喝,真傻"。而我却感到心安理得。对待顾客应该亲如姐妹、近如兄弟,难道我这个当姐妹的能忍心去算计哥哥弟弟的钱财吗?!

读着它,我们无疑对今天的个体劳动者的心灵世界,有了更深、更多的了解。

温州人富起来后,并不都是囿于个人主义的小圈子,相反,他们并没有忘记自己的社会责任和义务。这些年,他们上交了数量可观的国家税款;积极购买国库券;捐献大量的资金用于集镇文化、教育、卫生、广播电视等公益事业的建设,表现出较高的社会觉悟和责任感。这方面的事迹我们在前面已经讲得很多了,这里仅仅举两个小例子。

个体户胡成锡在捐款2000元用于村里修道路时说:"我家里富起来是因

---

① 即过滤嘴香烟。后面的"高脖子"意为高档酒。

为党的十一届三中全会政策的正确,是共产党帮助我赚的,我出门坐汽车、火车,走的是别人修的路,我也要修路给别人走。"专业户郑可龙捐款 1500 元,他说:"办好交通,促进流通,个人才有更多的钱可以赚。"

看,在这些富裕起来的农民心里,个人利益和社会利益结合得那么实在、那么紧密。只要我们加强引导和教育,他们一定能够正确地处理好个人利益和社会利益的关系,逐步树立起公与私、个人与社会有机统一的社会伦理观。

1986 年温州全市要征 2000 多名新兵,这是多年来任务最重的一年。开始许多同志担心完不成任务,但征兵动员令一发布,竟有 10 万多名青年踊跃报名应征。为什么呢?原因有两点:一是越来越多的富裕人家开始把眼光转向政治领域,希望为社会多做贡献;二是万贯家财需要"成才"的继承人,而部队正是锻炼人的好场所;三是商品经济的发展,使许多农民挣脱了土地的束缚,解除了应征青年的后顾之忧;四是富裕后,各地的优抚标准提高了。

诸如此类,都充分说明,温州人在致富过程中,多数人能够正确对待个人与社会的关系,自觉增强社会责任感和义务感,当祖国、社会需要的时候,能够把私人利益放在第二位。

(五)人生观、价值观的新开拓

严格地说,人生观、价值观与伦理观是不相同的范畴,但它们有统一的地方,都从善恶、好坏、赞不赞成、贬褒的角度评价人们的行为,因而我们把人生观、价值观也放在这里讲一讲。

一般地说,温州人的人生观、价值观是注重实惠,崇尚实际,讲究现实利益的。但这几年却有了新的开拓,不少人注重长远利益,追求精神满足,注意智力投资,发扬自强、自信和创业精神。在今天的温州,确有许多人富到仅靠存款利息便能享福的地步,但他们对"知足常乐"的古训不以为意,认为"知足便是落后的开始"。他们很钦佩日本电视剧《阿信》中主角阿信那种自强不息的精神,因而不少人在已有的成就上树立起更远大的社会抱负。许多人把产品质量达到国内领先、把产品打入国际市场作为自己的奋斗目标。为此,他们对自己提出了更高的要求——学习科学知识,不断提高自己的素质和能力。"知识就是力量"的观念受到了普遍的推崇,一个学文化、学技术的热潮方兴未艾。

今天的温州青年更觉得自己大有用武之地,对前景充满信心。据抽样调查显示,年轻人中有69％感到眼下最紧迫的任务是提高自身的素质和经营能力;有65％认为人活着就要创一番事业;在人生征途中遇到挫折时,有50％的人认为并不可怕,有信心去战胜它。

经济的发展,生活的富裕,"温州模式"的"舞台",正在培育出一种新的可喜的趋势。在温州,一批发展商品经济的能人、办厂和供销强者,已经由温饱型、赚钱型向事业型过渡。不错,在开始办厂做生意的时候,他们的确是为了赚几个钱,使生活过得好一些。即使在今天,作为商品生产者、经营者的他们,还必须赚钱、营利。但是,只要你和他们作一次深谈,他们会坦率地告诉你:"钱已经赚了几个,生活也富多了;不过,要是光为了赚钱的话,现在洗手不干,光拿利息就够吃、够用了。可是,我们现在不能光是为了钱,要为了自己的事业、理想,去试一试、闯一闯,干一番大事业。要用实践来证明,我们农民也有发展商品经济的能人,也有办厂的企业家,也能走出一条农村现代化建设的新路子。"说得多有道理啊。

这就是我们新型农民心灵的袒露和精神的写照。远大的理想,高尚的精神,唯有深深地扎根在现实的土壤中,紧紧地同自己的事业交融在一起的时候,才能显示出它巨大的力量。

特别是温州的年轻人,他们在温饱或小康问题解决之后便开始追求新的发展,想着最大限度地向社会展示自己存在的价值。因而他们寻求发展自己的机会,渴望表现自己的聪明才智,把发展和壮大自己的事业视为最大的精神享受,也将之视为对"公家"和社会的最大贡献。

瑞安塘下春雷塑料制品厂34岁的厂长陈先生说:"人不能白来世上这一遭,总要干一番事业,对社会有点贡献。现在我有点富了,可总不能把钱仅仅捆放在箱子里。'温州模式'和改革实践给我们带来了大展才干的好时机,不可错过。"的确,不少能人都渴望施展抱负。年轻能人项金增被请来任金乡商标塑化厂厂长,他说:"个人发财致富,对于我来说并不难,难的是党理解我,支持我干事业。"苍南宜山森力人针织内衣厂的厂长坦然地说:"创业,不仅仅只有赚钱,还有对社会的贡献、精神上的满足和生活上的充实。"最近,这位厂长又计划投资200万元新建一个织染厂,预计到1990年该织染厂产值可达1000万元。这几年来,他既没有盖新房,也没有买高档消费品,而是把赚来的钱大部分用于扩大再生产。有一次,新华社一位记者问他:"生产规模搞得这么大,不怕将来变为公有吗?"他坦然地回答说:"厂子建在我们的国土上,钱存在国家的银行里,什么时候都可以变为公有。不过我考虑的不是这些,而是如何干出一点事业来。老实说,如果怕变公有,我就不冒这个风险了,把钱存起来吃利息多好呢,吃利息可以舒舒服服过日子,还没有人说我是资本家,说我搞雇工剥削。"

被全国政协副主席费孝通称为"新型企业家"、现年 37 岁的叶文贵①说:"为了办事业,我对钱不在乎。我相信党的政策,不想把钱带进棺材,也不想把钱留给后代。留给儿子的只能是为社会创造财富的精神。"他还说:"金乡算我最富,金乡也是我最穷;赚不完的钱,办不完的厂。"这富有深刻哲理的话,集中地反映了今天温州年轻人追求事业的人生观和价值观。

六、生活方式的新发展

提倡和建立积极的、健康的、科学的生活方式,是社会主义精神文明建设的一项重要内容。改革开放和商品经济的发展,物质生活和文化生活条件的改善,使温州人从生活观念到生活方式、从交往方式到行为方式都发生了可喜的变化。

所谓生活方式,是指人们在一定社会中怎样进行生活、学习、娱乐的基本样式,包括物质生活、精神生活在内的衣、食、住、行、婚、玩,以及受一定人生观、价值观、道德观、审美观支配的行为方式、生活习惯等。生活方式既受一定社会物质生产水平的制约,又受一定社会意识形态的指导。因此,经济体制的深入改革,人们生产行为的改变,以及思想观念的更新,都会直接或间接地影响和导致生活方式的变化。

当我们到温州商品经济、家庭工业发达的农村巡视了一遍后,不能不深深地感到:温州的农民们确实已经非昔日"务农之百姓";他们的生活观念已不只满足于"温饱";他们的生活方式也早已不是过去小农特有的"从田头到床头"了。眼下,尽管还不能说他们已经完全摆脱了小农式的、陈旧落后的生活方式,但我们完全有理由断定,他们正走在通往现代文明的"希望的田野"上。

---

① 叶文贵已于 2017 年去世。

那么,温州农民近年来生活方式的主要变化是什么,生活方式的新变化又体现在哪些方面,在变革过程中有些什么特点呢?

(一)由生活和生产的分离型向统一型发展

生产是生活的前提和基础。有什么样的生产发展水平,就有什么样的生活需要;生产发展状况如何,决定了人们吃什么、穿什么、用什么、玩什么,以及怎样吃、怎样穿、怎样用、怎样玩。生产和生活应该是统一的,生产的目的最终是为了生活。

然而,过去人们往往把两者对立起来、分离开来。这主要表现在以下方面。

一是在相当一个时期里,没有从根本上明确社会主义生产的目的是什么,因而在发展生产时,没有重视逐步改善人民的物质文化生活。不少同志只讲生产,只抓生产,不太讲生活。在处理积累和消费、生产与生活的关系时,走上了高积累、低消费,重生产、轻生活的偏颇路子,使生产和生活未能协调发展。

二是由于"大锅饭"的平均主义分配倾向,在分配领域未能真正落实按劳分配制度,因而生产者的劳动与劳动收入存在一定的分离,多劳未能多得,干多干少一个样,甚至干与不干一个样,生产的贡献和生活的获得缺乏直接的相关性和统一性。

三是由于"一大二公""集中统一"的僵化的管理体制,劳动者在生产活动过程中缺少自主权,因而缺乏主人责任感和自在快乐感;对劳动者来说,生产在一定程度上成了外在的东西,而不是一种生活的内在需要;使"集体劳动"与"家庭生活"彼此孤立,家庭只是生活、消费和生育的基地。

以生产、劳动为基础,劳动与享受、生产与生活有机统一,这应该是社会主义生活方式的首要特征,也是它与一切剥削阶级不劳而获的寄生生活方式的根本区别。发展社会主义商品经济,贯彻按劳分配原则,实行家庭联产承包责任制、党的富民政策,以及家庭工业的发展,使温州人在实践中深切地体会到:生产和生活是可以统一的,也应该是统一的。不发展生产、不积极劳动、不付出辛劳的汗水,就不可能发家致富,过上富裕的生活。人们看到了:如今,谁有知识、有本事,谁干得多、干得好,谁的收入就多、富得就快、生活就好。人们在自觉不自觉地实践着,慢慢明白生活水平的提高必须建立在生产不断发展的基础上,生活的满足是以生产发展为前提的,而生产的目的是劳动者生活得更好。

的确,在劳动的前提下,在生产发展的基础上,提高生活水平,改善生活条件,充分享受自己的劳动成果,是完全正当、合理的,也是社会主义制度优越性的体现。

温州青年的生活观颇有理论色彩,他们说,在懂得"没有生产就没有生活"的同时,也应该懂得"没有生活就没有生产"的道理。青年们开始把劳动和生活结合起来,他们与先辈们相比,更具有现代的特点:在劳动时认真扎实,拼搏奋发,好好干;在生活中,吃得好一点,穿得美一点,用得舒适一点,行得方便一点(自行车,摩托车,小汽车),玩得痛快一点;他们更会生产,更会劳动,更会创业,但他们也更会休息,更会生活,更会娱乐,生活也更为丰富多彩。

"温州模式"下的生产和经营方式,使人们的生产和生活浑然一体。现在,他们的生产就是他们的生活,他们的生活也就是他们的生产。因为,他们的生产与生活在目的上达到了统一。他们对自己的劳动与劳动成果具有充分的自主权。他们在劳动、生产中得到了生活的乐趣,得到了精神上的充实。他们的家庭不再只是消费和生育的单位,而是把生产、流通、分配、消费、生育、社交密切地联结在一起的地方。家庭工业、私人企业使生产和生活在时间、空间上的距离也明显缩短了。

在温州,人们的建房结构也体现了生产和生活的有机统一:楼下办厂,楼上住人;门前开店设摊,后院当车间。

(二)由自给型向商品型发展

随着自然经济向商品经济的转化,人民生活水平的提高,温州农民们的生活观念、生活性质也发生了历史性变化,即自给性为主的消费阶段成为"旧黄历",商品性消费为主的新阶段已经到来。

昔日,温州农民们的生活观念是:"养牛为耕田,养猪为过年,养鸡生蛋换油盐。"千百年来,我国农民生活在自给自足的小生产经济环境里,生活消费的自给部分比重相当大。据有关资料提供的数据显示,1978 年以前,我国农民购买生活消费品的货币支出占整个生活消费支出(折成货币)的比重,从未超过41％,这反映了农村市场对工业品、商品吸引能力很低,农村生活方式基本上处于自给自足的落后状态。

党的十一届三中全会以后,农村一系列新政策的执行、产业结构的调整、单一的农业生产向多种经营形式的转化、农村商品经济的迅速发展和农民收入的成倍增加,使农村商品生产、商品流通空前活跃,农户生活越来越依赖于市场交换,农村市场对工商产品消化能力越来越强,从而使得农民的商品性消费支出急剧上升。

据对农村住户抽样调查的数据显示,温州的农民生活,在1978年以前还是以自给性消费为主;到1986年,农民人均年生活消费中商品性消费的比重达到72％,自给性消费比重下降到28％。在穿、住、用、文化娱乐方面,自给自足的生活消费几乎绝迹。农民穿的衣服、用的日用品和盖新房所需的建筑材料,都是从市场上购买的;只是在吃饭、燃料方面的自给性消费还占总消费支出的28％。但吃饭、燃料方面的商品性消费也分别达到了63.8％和23.7％。

农民从市场上购买消费品的比重迅速增加,既反映了温州农村由自给型经济向商品经济转化的可喜局面,也说明了温州农民们由自给型小农的生活方式向商品型现代生活方式转化的历史性进步。

(三)由贫困型向富裕型发展

随着生产的发展、收入的增加、市场的繁荣,农民们的生活越来越好。温州的农民们正满怀自豪的心情,告别过去清苦、贫困的生活,向着"小康"的生活迈进。

从1977年到1986年的9年间温州农村农民人均纯收入奇迹般地翻了三番多。1977年人均纯收入55元,1980年跃升到165.2元,1981年为270.1元,1982年是297.5元,1983年是312.7元,1984年是347.5元,1985年是447.2元,1986年为508元。1980年以来,农民人均纯收入每年递增20％左右。1986年全国农民人均纯收入424元,温州农村人均收入高出全国农民人均收入84元。全市共有农户128.8万户,年收入4000元左右的富裕户占全市农户的1/3,这些农户人均年收入达800元左右。

温州农民生活方式由贫困型、温饱型向富裕型转化的主要标志,不但是收入的增加,更包括以下几个方面。

第一，生活追求"富足"，人们把不断改善生活作为直接的、近期的生产目标。目前，一般地讲，生活价值观和生活理想的基本模型有两种：一种是通过自己的辛勤劳动、拼搏创造去获得较高水平的、富足的生活；另一种是马马虎虎、轻轻松松地工作，过低水平、低档次的生活。温州人勇敢地选择了前者，并将之作为自己的生活理想。低标准、低消费、自给自足的生活方式，是自然经济下小生产观念的反映。简朴是一种美德，但简朴不等于安贫；艰苦朴素是优良传统，但艰苦朴素不等于守苦。温州人宁可过通过辛辛苦苦、紧紧张张的劳动而创造的高水平、富裕的生活，也不愿过那种工作虽轻松，但粗茶淡饭的清苦生活。"安贫"的生活观和生活理想，必然会影响人们的改革开拓精神，使人们不愿意积极进取、开创新事业。而"求事"的生活观和生活理想，则能推动人们去开拓创造，去奋发拼搏，去主动进取，而不安于现状、不满足于温饱求生存。恩格斯早就指出，人不但要求生存，还要求享受和发展。

人在解决了生存、温饱问题之后，必然要生活得更好些，要追求享受、追求自身的完善和发展。正因为这样，社会和人类自身才能不断进步，生产才能不断发展，财富才会不断增加，人们才会处于不断追求之中而不至于停滞下来。因此，只有以不断提高物质和文化生活水平作为生活的目标，而同时又以积极劳动、辛勤工作、努力创造去实现目标，才是符合社会进步要求的生活价值观和生活理想。有的同志经过调查，发现无论在城里还是在商品经济发达的乡村，有75％以上的温州人选择了这种生活方式。

当然，选择这种生活方式是合乎历史发展规律的，但这并不等于可以不要艰苦朴素、艰苦奋斗，也不等于可以随意浪费、毫无节制、挥霍无度、醉生梦死；追求积极向上、高水平的生活与提倡艰苦奋斗是完全一致的。温州人追求"富裕"的生活，这是无可指责的，但有少数人对生活过分讲究，不注意节约，时有浪费现象，这也是需要纠正的。

第二，生活消费水平有了明显提高。近几年来，温州农民们的生活消费水平呈直线上升。有关部门的抽样调查显示，农村人均年生活消费的支出，1980年为152.01元，1981年为242.68元，1982年为249.70元，1983年为266.54元，1984年为288.18元，1985年为373.50元，1986年达到了459.50元。至于沿海一带商品经济发达的乡村，其生活消费远远高于上述水平。

第三，文化消费支出有所增加。在生活消费中，人们用于科学、文化、教育等消费的增加，文化消费水平的提高，使社会由物质型向文化型方向发展，这是生活方式文明程度提高和进步的又一基本标志。

人首先得生存下来,才谈得上创造和发展。因而人们首先得解决吃、住、穿等物质性的生活需要,然后才谈得上过精神生活。到目前为止,物质性消费仍然占人类整个生活消费的主导地位,而精神文化消费则处于次要的、附属的地位。但是,随着社会生产力和科学技术的发展、人们物质生活条件的改善,精神文化消费的逐渐增加,成为生活方式向前发展的基本趋势之一。温州农村近几年的发展也证明了这一点。仅仅从农户家庭文化消费支出来看也是如此。温州农民人均文化生活支出 1980 年为 5.03 元;1981 年为 5.94元;1982 年为 7.11 元;1983 年为 6.11 元;1984 年为 7.71 元;1985 年为12.10 元;1986 年为 17.00 元。

据温州市统计局对农村住户抽样调查的统计,农民人均购买书报杂志的支出由 1984 年的 0.81 元增加到 1985 年的 1.28 元,增加 58%;人均支出学费、技术培训费由 1984 年的 2.47 元增加到 1985 年的 4.34 元,增加 75.7%;购买文娱用品的费用由 1984 年的 1.53 元增加到 1985 年的 4.19 元,增加了1.74 倍。现在一些高档文化用品,如钢琴、电子琴、照相机、吉他等开始进入了农家。如果把农户用于购买电视机、收录机、录像机的消费支出以及集资办教育、建亭园等文化设施的消费支出,都视为精神文化消费,那么,温州农民文化消费的支出占生活总支出的比重就相当高了,他们的生活方式由物质生活型开始向文化生活型(科学地讲,是文化生活消费比重增加)转化的特点,也就显而易见了。

社会主义生活方式,是富裕的物质生活和高尚的文化生活的统一。把物质生活水平的提高和思想、文化素质的提高结合起来,才是积极、文明的生活方式。一个人如果只讲吃喝穿住,而缺乏高尚的人生目标和健康的文化生活,就会醉生梦死混日子,这当然是不文明的。

温州农村的发展证明,随着生产力的提高、物质的丰富,人们的生活就会由以求得生存为主向日益提高的物质享受转移,向发展自身的素质、个性、才能转化;与此相应,精神文化生活也会极大地丰富起来,人们在解决温饱问题、丰衣足食之余,对精神生活的追求会日益迫切和多样。但与物质生活相比,精神文化生活方面还需要更多的引导和提倡。

第四,消费质量日趋提高。随着经济收入水平的提高,农民消费已由贫困、温饱型向小康型、富裕型转化,消费结构有了明显改善。

一是吃讲营养,副食上升,主食下降。由于收入增多,物品丰富,农民们也开始讲究饮食的营养性、合理性。食品消费在向优质化方向发展。高档食品逐渐进入农村消费领域,乳制品、干鲜果、精制糕点、滋补品、高档烟酒,成为农村市场上的热门货,销售量大幅度上升。啤酒消费量更是成倍增加,1986年人均消费量达2.4公斤。

二是穿讲时兴,高档服装增加。1975年以前,用于购买棉布及一般布制服装的支出,占衣着类的60%以上,1984年这方面支出就降到10.2%。过去很少有人问津的呢绒、绸缎等高档衣料和服装,已普遍进入农户家中。现在温州农民的穿着不仅表现为数量的增加,而且讲究质量,追求流行时装款式,如西装、连衣裙、风雪衣、健美裤等。农民服装质量的改善和样式的多姿多彩,说明农村的进步和人民生活的改善,也体现了温州农民消费观、审美观、精神风貌的时代气息。

三是住讲究宽敞,追求美化。温州商品经济发达的乡村的一大变化,是居住条件的迅速改善。那一幢幢、一排排新崛起的楼房,简直让人不敢相信这是在农村。温州农民居住条件改善的特点有三个:第一个特点是,人均住房面积宽敞,增加快。1980年人均使用住房面积9.90平方米,1982年达到14.12平方米,1985年上升到16.62平方米。1986年住房消费支出人均86.10元,占总消费支出的18.7%。这几年沿海一带农村出现了"建房热",像金乡、宜山、龙港、桥头、柳市等商品生产基地,有70%~90%的农户建了新房。这既有改善农民居住条件的积极一面,也有毁损良田、过于浪费的消极一面。第二个特点是,新建房屋逐步由砖木结构向钢筋混凝土结构发展,住宅设计趋向集镇化、城市化、高层化、园林化,外观显得美观、整齐、有气势,给人旧貌换新颜之感。第三个特点是,室内讲究结构合理,装饰追求美观。过去装饰房间,一般只用白灰,后来有用油漆粉刷一下门窗、墙壁的。现在,越来越趋向高档、美观、多样化。不少农户使用地板胶、铝镁饰板、高级墙纸、墙布、地毯、大理石、抽水马桶、浴室等精美、高档饰品或用品,以求住房宽敞、舒适、整洁、美观。

四是主要生活耐用品拥有量增加快,质量高档化。农村居民购买家用电器等中高档商品的消费支出明显增加。据抽样调查显示,1985年每百户耐用品拥有量为:自行车36.5辆(1986年比1985年又增加58.9%);缝纫机35.3架(1986年比1985年又增加14.2%);电风扇17.8台(1986年比1985年又

增加 81.5％）；钟表 217.9 只；电视机 6.8 台（1986 年比 1985 年又增加
150％）。电冰箱 1986 年比 1985 年增加 1 倍。而在商品经济发展较快的乡
村,其耐用品拥有量远远高于这个平均数。如金乡镇 4300 户人家,1985 年已
有 226 台电冰箱、725 台洗衣机。随着耐用品的日益增多,农民们逐步享受到
现代物质文明,这既使得生活内容日益丰富,又促使生活方式发生变革。随
着一件件家用电器的"安家落户",人们世世代代传统的生活方式正在明显地
发生变化。过去是摇蒲扇消汗,现在是开电风扇驱暑降温;过去洗衣服离不
开棒槌、搓衣板,现在不少人家用洗衣机代劳;过去存不了新鲜食物,现在有
的农家有了电冰箱,不再为此发愁了;过去看戏、看电影要跑几里、几十里地
才能"耳闻目睹",现在不出家门,在电视机的屏幕上就能欣赏到丰富多彩的
文艺节目,了解到全国、全世界当天发生的主要新闻;还有收录机、电饭锅、电
动剃须刀……

五是出行讲方便。全市农村目前每百户自行车拥有量近 60 辆,而且大家
还要求购买高档、名牌的自行车。尤其是年轻人,不但追求跑得快,走得舒
服,行得方便,而且还讲究时兴、气派,于是冒出了一股"摩托热"。青年农民
买摩托车、小轿车的越来越多。仅乐清县私人轻骑就有 2000 多辆;永嘉县江
北乡农民有 20 辆小轿车(一般是 1 万元一辆);该乡浦二村 200 户人家,拥有
摩托车 30 多辆。乐清县还成立了"摩托车协会"。现代化交通工具的出现,也
将改变人们的行为方式和生活方式。

总之,我们从温州农民生活观上的求"富",从生活消费水平的增长,从文
化生活费用的增多、消费结构的改善和消费质量的提高等多方面的变化中,
都可以看到温州农民的生活由贫困向富裕转化的过程。无论是眼前的现实,
还是未来的前景,都是令人欢欣鼓舞的。

(四)由落后型向文明型发展

温州农民生活方式的新变化,不但表现在由生产和生活分离型向统一
型、由自给型向商品型、由贫困型向富裕型的转化,而且还多方面地表现在由
陈旧、落后型向现代、文明型的转化。

几千年来自给自足的封闭小农经济,造就了因循守旧、故步自封、缺乏创
新和进取的生活观念,这对我们今天改革、开放、发展商品经济和社会主义现

代化建设是有害的。因此,《中共中央关于经济体制改革的决定》指出:"在创立充满生机和活力的社会主义经济体制的同时,要努力在全社会形成适应现代生产力发展和社会进步要求的、文明的、健康的、科学的生活方式,摒弃那些落后的、愚昧的、腐朽的东西;要努力在全社会振奋起积极的、向上的、进取的精神,克服那些安于现状、思想懒惰、惧怕变革、墨守成规的习惯势力。"

近几年来,随着改革的深入,商品经济的发展,生活水平的提高,温州农村昔日落后的生活方式正在向文明的生活方式转变,这具体表现在以下方面。

第一,生活环境的"脏乱差"有了明显改善。在几年前,农村还普遍存在入厕难、行路难、吃水难的问题,路不平、灯不明、水不清,环境卫生很差。清贫、只够温饱的生活水平,使人们无法改造和美化自己的生活环境。人们生活水平提高后,纷纷拿出钱来改善生活环境。在商品经济发达的乡村,村容村貌大有改观:简陋的茅厕开始被整洁的公共厕所所代替;水泥路代替了泥巴路、石子路;自来水厂的建立使农民们再也不用挑水了;高大的楼房代替了过去低矮的小屋;影剧院、老人亭、体育活动场所等文化、公益设施的建立,也装点了繁荣的乡村;集镇小公园的兴建,更美化了人们的生活环境;农户住房条件的改善,屋内装饰的美化,使农民们的生活小环境变得十分舒适。

由于生活环境的改变和美化,人们也就更加热爱生活、更会生活了,过去一些落后的生活习惯被摒弃,一些积极、文明的行为得以培育。例如,在经济发展较快的乡镇,农民们要脱鞋上楼了。瑞安县塘下镇已有80%的农户脱鞋进房上楼。一个村近几年有100多对青年男女结婚,全部脱鞋进新房。农民们开始改掉随地吐痰、乱丢烟蒂等陋习。有不少农户前有庭院,后有花园,栽种花卉、摆设盆景,生活过得舒适高雅多了。他们正在自觉地同自己的愚昧、落后、旧习宣战,冲洗自己头脑中的小农意识。有几位学者到一专业户家做客时,也脱鞋踏进铺着深红色地毯的房间,他们不无感慨地说:"过去到农村脱鞋是下田,现在脱鞋是上楼,同为脱鞋,含义却截然不同啊!"

第二,生活空间大大扩展。数千年来,自给自足的自然经济、小农生产方式,使得农民苦苦困守在一小块土地上,终年"面朝黄土背朝天",日日月月"床头(睡)—锅头(吃)—田头(劳动),三点成一线"。农民们的生活空间十分狭小、封闭,不是田里就是家里。农民的人际交往也十分有限,往往处于"鸡犬之声相闻,老死不相往来"的封闭隔离状态。

温州农村商品经济迅速而广泛的发展,使千家万户、男女老少都参与到经济交往之中。现在,生活空间再也不只是限于田头和家里了:他们不但在本地的数百个商品市场上忙碌,而且在 29 个省、自治区、直辖市都留下了足迹。现在,生活在广阔空间已不是个别人或男人们独有的权利了:温州有半数以上劳动力从事商品生产;有几十万人跑供销和劳务输出;也有大批妇女成了经商能人,在苍南县宜山镇,每天就有近 1 万名妇女在市场上做买卖。现在,他们玩的空间也大为扩展了:不但在家、在本镇玩,还要到本省、全国去玩。瑞安县有一个小村庄,就有 20 来户人家利用农闲、工余时间,全家人外出旅游。

温州还开设了北京 12 天游的旅游服务项目。乐清县柳市镇的一批青年,竟兴致勃勃骑摩托车跑几十里路,专程到市区跳舞。乐清县摩托车协会甚至倡议举办"乐清—八达岭"的"万里长城"旅游活动,等等。这些现象说明温州不少农民的生活视野日益开阔了,生活空间越来越扩展了;农民们的生活空间开始突破封闭、狭小的圈圈,走进丰富多彩的广阔天地了。看来,开放的、横向联系的商品经济关系,必定会冲破封闭的自然经济关系的束缚;而农民们一旦成为商品生产者和经营者,他们就不得不越出"家"界、村界、乡界、县界、省界而奔波于全国各地,到处落户,到处创业,建立广泛的联系,并广泛地接受信息。

眼界打开了,农民的社交活动频繁了,外延扩展了,原来那种"鸡犬之声相闻,老死不相往来"的封闭的生活方式开始发生变化。今天温州的农民们,正向更深、更广的生活空间进军。

第三,生活的节奏大大加快。随着自给自足的小农经济被现代商品经济所取代,温州农民们生活的运转,也开始由"慢三拍"转入"快节奏"。在人们的观念中,中国农民典型的生活方式是日出而作,日落而息;早上看日头,白天站田头,晚上闲聊头;生活节奏缓慢,时效观念淡薄。

现在,温州农民过去那种不爱惜时间、不讲究效率、懒散拖沓、慢慢悠悠的生活陋习,得到了变革;生产的发展,经济运转速度的加快,使他们的生活节奏也明显加快。当你一跨入温州商品经济发达的农村,就可以立刻感受到,这里农民的生活节奏的确比别的一些农村要快得多。他们讨厌马拉松式的会议和闲聊;他们在劳动时宁可快点、辛苦点、紧张点,也不愿拖拖拉拉。他们说:"干像个干,玩像个玩。我们宁可多出一点钱坐快车,也不愿坐慢车。"他们宁可辛苦些坐直达的长途汽车,也不愿坐绕来绕去费时间的轮船或火车。青年不喜欢"慢步舞",爱好"迪斯科"。过去,温州农民上地下田,吃喝玩乐,大都没有多少时间观念。时间、效益似乎与己无关,反正是集体、公家的,快也白搭,慢也一样,因而常常是"哨子催上工,上工磨洋工"。现在不同了,"老婆催老公,一工顶两工"。

第四,生活形态的主动性、自主性和进取性有了明显强化。在封建社会,农民的人生哲学、生活形态是"听天由命,佛爷保佑"。这种落后的"宿命论"的生活观,直至今天仍有一定的市场。温州农民虽然也还没有完全摆脱这种愚昧、陈腐的生活观,但受这几年商品经济、物质成果、现代化生活、改革开放、精神文明的冲击和洗礼,过去那种中庸、保守、依附、盲从、安于现状、"平静水面"式的传统生活习惯,明显得到淡化,而生活形态上的主动性、自主性、独立性、开拓性、创造性、奋斗性、进取性明显得到强化。

经济活动中的自主性、竞争性、开拓性,必然会哺育出生活上的进取性和变革性。在商品经济发达的农村,农民们"八仙过海,各显神通",锐意进取,勇于竞争赶超,敢于开拓创新。正是在自己奋发拼搏的艰苦创业中,他们财路广开,收入可观,生活得到改善,从而尝到了新生活的甜头。

因此,他们普遍欢迎积极进取、拼搏竞争、自主独立的生活环境。然而,在自给自足经济环境中形成的无所作为、不思进取、墨守成规、故步自封、安贫守穷、惧怕竞争的传统旧习,在商品经济不发达的贫困乡村还尚未得到根本的改变。有人曾做过对比调查,对积极进取、拼搏竞争的生活环境,富裕区的人 75% 认为是"好"的;而贫困区的人只有 50% 认为是"好"的。对"愿意生活在男耕女织桃花源式的生活环境里"与"愿意生活在锐意进取、拼搏竞争的环境里"这两个选项,富裕区的人的选择各为 50%;而贫困区的人有 76% 选择前者,只有 24% 选择后者。

现在,温州商品经济繁荣的乡村,尽管还有不少农民留恋过去那平静、安稳的田园诗般的生活环境,但更多的人,尤其是年轻人却乐意生活在积极的、向上的、进取的、自主的、拼搏的、动态的生活环境里。从他们经济活动中的开拓性、竞争性、自主性,精神气质上的进取性、拼搏性,日常生活中的个性、独立性,婚恋观上的自主性,价值观上的求异性、求多样性等方面,都可以看出他们的主动性和进取心确实得到了强化。

第五,生活内容日益丰富多彩。人们的生活内容和形式丰富与否,除了受社会生产力、生产方式制约外,还受自然环境、人口、社会制度、思想道德、科学文化、历史传统、风俗习惯、民族心理、个人性格、兴趣爱好、年龄职业等的影响。正是产生和制约生活方式的主客观条件的多样性,决定了生活方式、人们生活内容和形式的差异性、多样性和丰富性。

然而,由于过去受生产力发展水平和物质生活水平的限制,更主要的是在生产、生活上强调"高度一致""集中统一"和"整齐划一",结果本来丰富多彩的社会生活被规范到了一个模子中,人们多少被圈于同一化、大众化、规范化、标准化的生活方式之中。"干"由组织统一安排、管理;"吃"讲节制、克俭、单味;"穿"讲清一色、大众化;等等。这就在一定程度上形成了贫困、单调、呆板、落后的生活方式,使人们常常陷入"要么是资产阶级生活方式,要么是无产阶级生活方式"的两极思维模式,而不敢追求与众不同和丰富多样的生活,习惯于"几十年一贯制""按传统生活是美德"的生活模式,这就在生活中消融了个人的进取性和个性特点,削弱了人们的创新、求异、开拓精神,抑制了个体的丰富性和多样性。

随着商品经济的发展、生活水平的提高,温州人逐渐形成了多样化的生活观,他们在实践中也创造出了一个五彩缤纷的多样社会。特别是温州的年轻人,他们在新时代的潮流中,在走南闯北的实践中,开阔了视野,增长了才干,提高了文化素质;他们早已不满足于那种单调、刻板、统一的生活了,而是热烈地追求富有新鲜感、节奏感、自主感、个性感的物质生活和文化生活。

在就业上,他们有了选择的多样性:国家的、集体的、合作的、个体的;工业的、农业的、商业的、运输的、服务的等等行业都可以。他们不再认为职业有高低之分,"铁饭碗"就一定优越,他们更乐意选择有奔头、能挣钱、有实惠、能充分发挥自己才干的行业。

在饮食观上,温州人追求丰富性和多样性早已名声在外。如今,"食在温州"已名不虚传。1987年元旦期间,市区曾举办为期3天的个体风味小吃质量展销会,有200多个个体户推出了12个大类200多个品种的风味小吃,让人大开眼界。平时,在沿街两侧那一张张餐桌上,各色小吃也像展览会一样,使人眼花缭乱;那灯盏糕、梅花糕、胶冻、鱼丸、锅贴、炒面、豆腐软、炸虾、河蟹……叫人馋涎欲滴。一天24个小时,你啥时想吃都能吃上你爱吃的东西。温州人不但在家里讲究吃得丰富,而且上街吃风味小吃,也成了他们生活的组成部分。

在穿着打扮上,温州人,尤其是温州女青年更是别具一格,千姿百态,富有个性。"穿在温州"真是名副其实。在穿着打扮上,温州姑娘将"求新、求异、求美"表现得淋漓尽致。赤橙黄绿青蓝紫,各种颜色的服装,犹如璀璨的明珠点缀在温州的大街小巷。在服装店、市场上各式时装琳琅满目,街上行人穿的服装新颖别致、多彩多姿而又极少雷同。几乎每个女青年都涂脂抹粉、戴戒指、吊耳环、戴项链。温州的姑娘、小伙子简直是天天在马路上举行盛大的"时装表演",让行人陶醉在美的享受之中。市区有一个由560余人参加的"个体服装行业协会",该协会专门研究时装,交流时装信息,为美化温州人服务。

在文化生活上,温州城乡过去那单调乏味的业余生活,正在被不断丰富的文化生活所取代(前面已具体谈过,这里不再赘述),被旅游观光等有趣的生活所充实。温州人的夜生活同样丰富多彩,舞厅、健身房、各种游艺厅、影剧院、图书馆、录像室、咖啡馆、小吃摊……挤满了男男女女。是的,在温州,过去那索然无味、千篇一律的单一化、标准化的生活模式正在消失,充满个性、富有时代气息、丰富多彩的生活方式正在形成、扩展和延伸。

上述事实表明,随着社会主义商品经济和社会生产力的发展,人们的物质生活和精神文化生活也会日益丰富起来。野蛮、愚昧、腐朽、保守、落后的生活方式必定会受到涤荡而被淘汰;美丽、文明、健康、进取、积极、向上、科学的生活方式也必会得到培育、成长和发展。

温州人在建立先进、文明的生活方式方面,还存在一些需要克服和完善的地方,但他们毕竟向着这种生活方式大踏步地前进了。

七、前进中的问题

在前面,我们着重从积极、进步、成就的角度,考察和分析了温州商品经济发达的沿海一带城乡的精神文明建设。

我们为温州人在短短数年中所取得的丰硕的物质文明成果而感动,也为温州人精神世界的长足进步而兴奋。然而,兴奋之余,我们也需要冷静和客观思考,温州的精神文明建设并不是没有问题的。温州人的精神世界并不是没有"黑斑"的。相反,它还存在着不少不尽如人意的消极现象,还有种种令人担忧的愚昧和落后的东西。温州也和任何一个地方一样，并不完全是"世外桃源"，而是一个五彩缤纷、犹如万花筒的现实社会。温州人告别贫困走上富裕、告别自然经济走上发展商品经济的轨道，并不是"轻装上阵"，而是因袭着种种历史的、现实的、自身的、外来的重负。

下面，我们将着重分析一下温州人精神世界里目前存在的一些主要的消极现象。

（一）问题的表象

让我们顺着由现象到本质、由表层到里层的思路，先来看一看温州人精神世界所存在的消极问题的表面现象。

第一，封建迷信活动外表化。求神拜佛，搞封建迷信活动，在我国农村有一定的普遍性。在"破四旧"和"文革"时期，迷信活动表面上大为减少，但实质上并没有从人们的思想上真正消失。近几年由于这方面工作抓得不够，加之农民对"开放""搞活"等政策有一定的误解，同时，农民手中有了钱，因而原来就根深蒂固的迷信观念得以外表化、现实化，在一定程度上使各种封建迷信活动有所发展。

温州农村这几年的封建迷信活动、封建宗族活动以及其他一些愚昧落后的现象，不但"死灰复燃"，而且在量上有所增加，成了温州精神文明建设中一个令人注目和担忧的严重问题。具体表现在以下方面。

一是建庙宇，塑神像。寺庙、祠堂、教堂在温州几乎随处可见。农民们不但集资捐款办文化设施、社会公益事业，而且也热心于集资捐款建造寺庙，出现了"一村一品（产品）热，一村一庙热"的现象。凡新中国成立前有的寺院、神殿、庵堂，基本上被修复或重建，有的还扩大了建筑面积。有的寺庙建筑十分考究，雕龙画凤，金碧辉煌。

二是求神拜佛。寺庙里除了滚龙灯、演戏等以外，更是香火旺盛，善男信女络绎不绝，进香叩头，求神拜佛，热闹非凡。有些所谓特别"灵验"的庙宇里，甚至一年到头信徒、香客不绝，香火不断，击磬念经声不停。

三是以迷信活动为职业的人数增多。有的人出家当了神庙的住持、"经友""唱班"。特别是有些农村恢复了旧的封建迷信习俗，一些从事测字、看风水、求签、讲灵姑、占卦等迷信职业的人故伎重演，神汉、巫婆、算命先生重操旧业,骗取财物,宣传迷信,毒化心灵,败坏风气。

四是大办丧事,大搞封建宗族、家族活动。这不但表现在修祠堂、续宗谱和家谱上,更醒目地表现在扩建坟墓上。这十分令人吃惊。在沿海一带,公路两侧那一个挨一个白色的躺椅式的坟墓,犹如天空中的星星,布满山坡。不少坟墓是花几千元甚至上万元修建起来的;不少坟墓坚固精致,有的还设有套间、院落,墓壁上的石雕栩栩如生。

第二,"假冒骗""偷漏欠"、行贿受贿现象较为严重。这些问题虽然发生在经济领域,基本上属于经济性质的,但与人们的思想观念、精神世界和社会道德风尚也有着直接的关系。

近年来,温州农村家庭工业发展迅速,商品经济相当发达,城乡经济十分活跃。但是,也出现了"假冒骗"、偷税漏税欠税,以及行贿受贿之类违法、违章、违背社会道德的消极现象。

"假冒骗"虽然是少数人的违法行为,但也绝非极个别的现象,而且手段形形色色。有的人或企业利用带商标的旧商品包装,掺假充好;有的人或企业将国有企业倾销市场的废次零部件组装起来冒充名牌产品;有的人或企业制造、推销假的商品或以次充好、以劣充优;有的人或企业滥制、滥印名牌商标标识,提供给镇乡企业、家庭工业和个体工商业户;有的人或企业利用虚假广告招徕业务;有的人或企业任意抬高物价;有的人或企业生产、推销国家禁止的物品(包括证件、盗版学习资料、淫秽品等);等等。个别的甚至手段极为恶劣,造成严重社会恶果。

偷税漏税现象也是比较严重的一个问题。据统计,温州城乡已办工商登记的个体工商业户有 13 万多个,但其中向税务部门办理纳税登记的只有 4.2万户,只占 1/3。由于个体工商业户数量太大,一般都无账可查,再加上税收管理制度不健全,税收机构力量不足,少数税收人员素质不高、执法不严,个体工商业户的偷税漏税现象十分严重。

请客送礼、行贿受贿也不是十分罕见的现象。总的来说,温州的家庭工商业户在经营活动中,主要是依靠灵活的经营、质优价廉和服务周到取胜的。但请客送礼、行贿现象在家庭经营中确是存在的;受贿、收"好处费"现象在一些机关干部、企事业单位职员中也不是没有的,特别是在购销员的经营活动中,这个问题更为突出。据有关部门对 147 名购销员的调查显示,基本上能遵纪守法、守信誉、经营作风正派的购销员占 40.8%;经营作风尚好,但也偶尔为之的购销员占 52.4％；法纪观念差，经营作风不正，有行贿行为的占购销员总体的 6.8％。

行贿受贿、请客送礼大都是三种情况：一是经营者主动行贿；二是对方主动索贿；三是你有心、我有意，彼此心照不宣，谈不上谁是"被动者"。这些经营作风不正的工商业户、购销员的行为固然是不光彩的违法行为，但他们也常常抱怨说："如果国家机关干部、企事业单位职工思想觉悟高、党风端正，我们不送礼、不行贿也能做成生意，我们何必要送呢？"

当然，"假冒骗""偷漏欠"、行贿受贿现象在国有、集体的企事业单位里也时有发生，在全国的其他地方也并非没有。但相对来说，由于个体工商业户、购销员数量多，分散广，利益个体性强，不便管理，制度不健全等原因，这类现象要比国有、集体的企事业单位更多一些。这是无法否定的客观事实。

第三，重婚、卖淫等丑恶现象沉渣泛起。这几年经济发展和生活水平提高后，一方面，青年婚恋的自主意识大大增强，尤其是妇女经济上自立自强后，婚恋自主观念明显强化，过去包办婚姻、订小亲、"嫁鸡随鸡，嫁狗随狗"等封建旧观念受到了前所未有的冲击。但另一方面，不正当的男女关系被少数人视作"性解放"，对此感到无所谓。特别是从事经济活动、经营活动的购销员，他们长年在外，活动空间和时间广泛社会化，交往关系也日益复杂化，增加了淫乱犯罪的可能性。他们中的一部分人或者在外地搞不正当的两性关系，或者把外地的情人带回家，于是出现重婚现象。一度绝迹的卖淫、暗娼行为近年来也有所抬头。虽然不断打击，仍未完全消除，甚至有个别大胆者将其公开化。

此外，各种黄色录像、淫秽书刊也有所增加。一些不法分子传播贩卖淫秽物品的违法犯罪活动时有发生。有关部门从 1987 年 1 月至 5 月，就查获传播和组织播放淫秽录像案 71 起，走私贩卖淫秽物品 57 起，缴获淫秽录像带 128 盒，淫秽扑克 1284 副，淫秽书画 51 本（张）。

第四，经济犯罪案件增多。经济发展和生活改善后，人们安居乐业，社会安定团结。这几年来，温州的社会治安、社会秩序比以往任何一个时期都好。1986 年全市人均发案绝对数比 1982 年下降了 46％。但某些犯法、违法现象却比较严重，特别是经济案件有增无减。据统计，1985 年全市查获走私案 947 起，涉案金额 3916 万元，其中万元以上的大案 268 起，比 1984 年增加了 2.25 倍。1985 年在十大商品市场共发生盗窃诈骗案 401 起，占发案数的 92.4％；

1986 年查获走私案 1491 起,比上年增长 57%。当然,其中约有 50% 是外地流窜犯所为。1985 年仅 7 个商品购销市场就发生各种经济纠纷 1910 起,平均每月 159 起;1986 年发生 3043 起,平均每月 358 起,比上年增加 1.25 倍。另外,青少年犯罪问题也日益突出。

当然,上述性质案件的增加,尤其是青少年犯罪和经济纠纷案件的增加,在全国各地都有一定的普遍性,并非温州独有。

第五,存在着一定的高消费现象。温州人历来比较注重高质量的生活。吃、穿、住、用总是比外地人略胜一筹;实惠主义思想占有相当的市场;能挣能花是相当一部分人的生活哲学。

因此,外地人总觉得温州人已经过上"早消费""高消费"的生活了。这种现象也的确是存在的。不过,虽然温州人会生活,讲享受,吃得好一点,穿得漂亮些,用得方便些,住得舒适些,只要这些都是建立在合法的生产劳动的基础上,那是无可指责的。问题是有些消费不合理,有些消费太过分。例如,在捐款兴建、修建寺庙和坟墓上的"消费";结婚讲排场、比阔气;住房过于宽敞、"高级";等等。据统计,有些农户前几年用于造房子、建坟墓、吃、喝、玩的消费资金高达总消费的 80%~90%,严重影响了再生产。

第六,拜金主义也大有人在。发展商品经济,做生意,按价值规律行事,讲经济效益,追求利润(金钱的另一种说法),这是天经地义、无可厚非的,而且合法的"金钱欲"比落后的小农式的"仁义观"要进步得多,对我们今天的现实生活也更有积极的意义,所以,我们不应该指责一般的"向钱看"。

问题是,确有一些人损害国家、集体、他人的利益,违背国家的有关法规和社会的公德,只讲金钱、只讲实利、只讲发财,而不顾其他。特别是当拜金主义、"一切向钱看"的思想与愚昧无知、文盲、法盲相结合时,就会产生严重的社会恶果。

以上就是温州近几年来在精神世界领域最为突出的消极现象,也是人们议论最多的主要问题。

(二)问题的实质

我们认为,上述种种消极现象的确是客观存在、不容忽视的。然而,如果仅仅对上述问题发议论、纠缠不休也是不可取的,我们应进一步分析这些问题的实质。

那么,这些消极现象的实质是什么呢?

第一,封建思想残余、小农思想是最为主要的实质性问题。在发展商品经济和改革开放的实践中,温州人的思想观念、文化知识、实践才干、思维方式、生活方式和行为方式等,都有了巨大的进步。然而,中国的封建主义制度存在了几千年,自给自足的小农经济也延续了几千年,而我们的社会主义是从半殖民地半封建的旧中国脱胎出来的,再加上一度泛滥的"左"的思想,因而在农村,资格最老、流毒最广、影响最深、危害最大、表现最多的,要数封建主义的思想残余,即各种愚昧、落后、狭隘的小生产观念、小农思想。

在短短几年时间里,温州农民并没有、也不可能完生摆脱根深蒂固的小农思想和封建遗毒。在发展商品经济、改革开放、新旧体制交替、新旧观念转换的变革洪流中,这些消极思想和行为必然会沉渣泛起。十分明显,温州农村近几年在精神文化领域所表现出来的种种消极现象,无不是愚昧无知、落后保守、崇拜神秘力量、宗法旧习、目光短浅、因循守旧、胸襟狭隘等封建主义思想残余和小农经济思想作怪的结果。

因此,在广大农村,怎样尽快地减少或肃清封建遗毒、小农观念的影响,是当前和今后农村社会主义精神文明建设所面临的主要的、迫切的任务之一。必须充分认识完成这一任务的迫切性、艰巨性和长期性。

第二,科学、文化、教育、卫生等事业落后,积极、健康的文化生活满足不了农民的需要,这是一个重要问题。我们知道,封建遗毒、小农思想以及其他种种消极现象的存在和泛滥,其最根本的原因,是我国农村生产力比较落后和科学文化不发达。低下的生产力,未能摆脱自给自足的自然经济的束缚,使封建的宗法观念、小农的短视行为(包括对金钱的狂热)有了安身立命之所和经济基础,而科学文化教育的不发达、不普及,又使封建的蒙昧主义、小农的愚昧无知有了藏身和泛滥的机会。

因此,破除小农观念,肃清封建遗毒,重在正面教育、正面建设。除了加强思想政治工作之外,最根本的途径在于发展社会生产力,大力发展商品经济;在于大力进行智力开发,发展教育、科学、文化、卫生事业,提高农民的文化知识储备和思想素质。现在,温州农村的教育、科技、卫生事业的发展远远赶不上经济的发展,满足不了农民们日益增长的需要。

文化娱乐生活无论从内容到形式都满足不了群众的需要。这几年虽然家庭文化、城镇文化、影视文化有了很大的发展,但发展不平衡,普及不广泛,缺乏丰富多彩的内容,特别是如何满足老年人这一层次的文化需要,更是一个突出的问题。这些老年人本来就受封建迷信思想遗毒比较深,再加上正面的文化生活满足不了他们的需要,他们就到封建迷信活动中寻找满足,消磨时光。

在文化事业建设上,温州农村面临的另一个问题是:近几年由个体户、专业户兴建的旱冰场、游艺场、家庭游乐场等的发展趋势也令人担忧,各类游乐设施存在减少的现象。原因是办文化事业经济效益不高,有的文化专业户不但赚不了钱,而且还要亏钱,这势必影响他们的积极性。在文化管理上,许多政策也不适应文化发展的新形势。我们往往不是靠积极的引导使群众文化向健康方向发展,而是依靠明令禁止来解决问题。录像队、舞厅、台球馆等,都曾因禁令而遭取缔。对于办文化事业,有些政策过于死板。例如,乐清县柳市镇待业女青年黄师萍 1983 年办起了一个家庭幼儿园,这个幼儿园曾被评为省、市先进单位。1984 年,她计划个人再投资 10 万元,建立一个更大规模的家庭幼儿园。此举曾得到上级有关文化部门的赞许,但有关政策规定土地不能批给个人办企业,因此至今幼儿园未能兴建。这类"政策作梗"的事例很多,办文化事业没有一些优惠政策,挫伤了群众的积极性。

此外,社会主义精神文明怎样建设、思想教育怎么搞、各种消极现象怎么解决,都缺乏行之有效的好路子、好办法、好形式。这些都不能不说是问题的实质。

因此,农村的社会主义精神文明建设,在注意消灭种种消极现象的同时,应立足于科学、教育、卫生、文娱事业的正面建设,立足于发展社会生产力,立足于探索正面建设的路子、办法。

第三,对个私经济缺乏统一认识,这是温州人精神世界里的又一个实质性问题。这个问题在政策上是清楚的,因为我们党的有关文件明确规定它们是社会主义经济的必要补充,是允许存在和适当发展的。但是,在理论上、思想上、认识上这个问题并没有真正得到解决。有些人总认为,个体经济、私人经济是与社会主义制度格格不入的,是资本主义性质的经济,允许它们的存在是我们的"权宜之计"。这些人往往陷于社会主义就是"一大二公""大锅饭""平均主义"的旧观念而不能自拔,并常常用这把旧"尺子"去裁度今天的现实生活,对党和国家发展经济的一些现行政策缺乏正确的理解。

在温州,人们对个体经济、私人经济认识的不一致性,表现得更为明显。在干部层中,关于"方向道路"似乎每一天都会有人提出"这是社会主义还是资本主义"的疑问。甚至有不少人把国有、集体企事业单位经济效益不高、产生亏损的"罪过"归咎于个体经济、私人经济的存在和发展。而在个体户、专业户里,一些人也持同样的看法,认为个体经济、私人经济是资本主义的东西,共产党不会容忍它们长期存在和发展,因而他们时刻担心党的政策会变。再加上干部们和社会上对他们的非议,更加剧了他们的惧怕心理。这些疑虑束缚着他们中一些人的手脚,使他们不敢向前迈步了,一旦赚了钱,一是造住房,经营"安乐窝";二是用于生活消费;三是把钱放在口袋里。他们中不少人怕树大招风,怕挨整、被打倒,因而缺乏远期目标,醉心于眼前利益,捞一把算一把,随时准备洗手不干,结果,造成或加剧了他们的违法、违反社会公道的行为,造成了他们无意投资、积累、扩大再生产的局面。思想上、理论上的混乱虽然不是造成个体户、专业户违法行为、短期行为的唯一原因,但无疑也是一个不可忽视的重要原因。

因此,怎么样从思想上、理论上统一对个体经济、私人经济以及党的现行经济政策的认识,更全面地理解和贯彻党的方针政策,正确地引导个体、私人经济健康地向前发展,无疑是当前温州精神文明建设中的一个重大问题。

第四,因一部分人先富起来、人们收入差距拉大而引起的社会心理失衡等问题,也是使温州人精神世界震荡较大的实质性问题。温州农村一部分地区、一部分人的确先富起来了,使整个社会各层次的人们收入差距拉大,出现了新的利益关系的格局。

温州各阶层收入差距主要表现在以下方面。

一是经济发达乡村与相对贫困乡村的收入差距。例如,1985年收入最低县农村人均收入为118元,而最高县是611.45元,相差4.16倍;以乡(镇)为单位,收入最高乡(镇)达1100元,而最低乡(镇)只有67元,相差15.4倍。

二是雇工与雇主的收入差距。一般的雇工月工资100元左右,技术人员的工资是500~700元,而有的雇主收入比他们要高几倍、十几倍,甚至几十倍。

三是不同所有制单位职工个人收入差距。1985年温州国有企业职工月均收入(包括奖金)为105元左右;而经营好的集体企业职工月均收入可以达到200元左右;至于国有、集体企业职工同个体户、专业户个人收入的差距就更大了。

四是机关干部、事业单位职工同企业单位职工,尤其同农村个体户、专业户之间的收入差距。机关干部、事业单位职工一般人均月收入100元左右。企业单位经营过得去的,员工收入一般都高于干部们。机关干部、事业单位职工同个体户、专业户的收入差距则比较悬殊了。

收入差距的拉大,经济收入的不平衡,引起了人们精神上的震动、心理上的失衡、情绪上的失控,也影响了低收入者的工作热情。过去,一般是机关干部收入高于企业职工,企业职工收入高于农民;社会地位、政治名声方面也是机关干部高于企业职工,企业职工高于农民。现在,经济收入恰好调了个头,颠倒过来了。社会地位、政治声誉虽然还没有颠倒过来,但那些富裕起来的农民的社会地位、声誉明显提高。而在个体户、专业户眼里,干部、教师、工人已不稀罕了,"分量""身价"已大不如前了。经济收入、社会地位如此重大的变化,再加上物价的上升,引起人们心理上的巨大反响,这是很自然的。

要解决这个问题,当然主要靠经济手段,而且需要有一个较长的过渡时期。然而,在心理失衡和牢骚的背后,有没有"平均主义"的味道和"阴魂",有没有"眼红病"的泛滥?怎么样帮助人们正确认识和对待诸如收入差距等改革实践中出现的新问题,如何缩短改革过程中人们心理失衡的过渡时期,提高人们对改革的心理承受力?如此等等,都是温州精神文明建设中目前普遍存在和急待解决的"思想问题"。

然而,这类实质性的问题往往被人们所忽视。

第五,怎样更有效地对个体户、专业户加强管理、教育和引导,也是温州精神文明建设面临的一大难题。个体户、专业户在经营活动中出现"假冒骗""偷漏欠"等违法、不道德的行为,主要是因为我们的有关管理制度跟不上,对个体经济、私人经济缺乏有效的管理办法,使他们有"空子"可钻。当然,也与这些个体户、专业户的文化知识水平、思想品质有直接关系。他们中的一些人在处理个人与他人、个人与集体、国家之间的利益时,往往只注重个人的利益。

因此,在健全有关法规、管理制度,加强执法、管理工作的同时,怎样对个体户、专业户加强法制教育、政策教育、道德教育、集体主义和爱国主义教育,主动帮助和引导他们塑造积极、健康、向上、进取、文明的精神世界,也是急待探索和解决的一大课题。

从温州人精神世界存在的种种消极现象以及现象背后的种种实质性问题中,我们可以得出这样的结论:必须采取以反对封建残余思想、愚昧落后的小农意识以及各种陈规旧习为重点的积极的措施;在指导思想上应以提高科学文化、思想道德素质的正面建设为主体;教育的对象不应只局限于个体户、专业户,还应该包括工人,尤其不应忽视干部;解决精神世界的问题不应忽视健全经济管理制度等,应以综合治理为主;精神文明建设要根据新的时代特点,积极探索新的形式、新的办法,而不应只限于消极被动的"堵""防""卡""压"。

(三)消极现象是发展商品经济导致的吗

温州人精神世界所存在和出现的种种消极现象,有不少人认为主要是由温州发展经济的模式,即个体经济、私人经济形式和发展商品经济所造成的。下面我们简单地分析一下上述消极现象与发展商品经济的关系,看看这些消极现象是不是由商品经济带来的。

从表面上看,不少消极现象在时间、空间上确实是和发展商品经济是同时态、并存的,有些消极现象也确实比商品经济发展前更严重了。

这就容易造成错觉:商品经济是产生这些现象的最主要的直接原因。因而有的同志认为要用限制商品经济的办法来解决这些消极现象。其实,只要我们深入分析一下就不难发现,其中绝大多数消极现象是在历史上形成的,是在历史上早已存在和发生过的,是旧社会遗留下来的,只不过在新的社会历史、新的社会环境中,采取了新的表现形式,有了量的变化而已,比如,迷信活动、宗教活动、"假冒骗"行为、卖淫嫖娼、赌博偷盗、挥霍浪费、拜金主义,等等。它们早已存在或潜在着,在不少人的思想观念中早已根深蒂固,只是在发展商品经济的今天,消极的思想由于种种原因得以表现出来了。

我国还处在社会主义的初级阶段。发展商品经济是社会经济发展不可逾越的历史阶段,是实现我国经济现代化的必要前提。只有大力发展商品经济,才能进一步完善社会主义生产关系,才能为社会主义不断发展和实现共产主义提供强大的物质基础。

发展社会主义商品经济,不但是促进生产力发展的必由之路,也是推进社会主义精神文明建设的根本动力之一。正如我们在前面几章中所指出的,温州这几年商品经济的发展,不仅有力地促进了社会生产力的发展,提高了人民的生活水平,而且也为精神文明建设提供了丰厚的物质条件,极大地促进了教育、卫生、广播电视、文化娱乐设施的建设,引起了人们思想观念、精神状态、道德意识的变革,推动了人们思维方式、生活方式、行为方式的进步。所以,发展社会主义商品经济对精神文明建设的推动作用、促进作用,是主要的和基本的方面。清除各种封建思想残余,克服腐朽落后的思想观念、道德意识,改掉愚昧无知的陈规旧习,离不开社会主义商品经济的大发展。

当然,精神生活领域出现的消极现象同商品经济的发展并不是一点联系也没有。因为,其一,商品经济的既有特性对精神文明建设、对人的思想观念所起的作用往往有"两重性"。例如,商品经济必然要强化商品经营者的利益的独立性;商品经济的价值规律、竞争规律,必然会强化金钱、利润意识;商品经济也必然会强化人们的自主性;等等。这些特性一旦走向极端,就会有碍精神文明建设,变积极因素为消极现象。

其二,商品经济的发展使人们的经济交往扩大,市场活动、经济关系复杂化,因而从生产到流通、从交换到消费的各个环节,都有可能为那些不法分子留下活动空隙和渠道。

其三,商品经济的发展,使生活得以改善,人们口袋里有了钱,这就有可能为某些人搞迷信活动、造庙建坟、铺张浪费、聚众赌博、寻欢作乐提供物质条件。

因此,发展商品经济在一定条件下会直接或间接地"诱发"出精神领域中的某些消极现象。但是,并不是说这些消极现象与发展商品经济就有着必然的因果联系。这里的关键是"一定的条件"。例如,在当前,我国城乡都处在新旧体制并存和交替的时期,新的体制正在形成,但还不够完善;旧的体制虽然有所变化,但并没有退出历史舞台,在某些方面还占有一定的优势。这种情况,就形成了不少矛盾和漏洞。这就使商品经济的某些属性有可能"伴生出"或"诱发出"一些消极现象。

但是,如果有人因此而去责难、否定社会主义商品经济的发展,那就同干出"因噎废食"这种荒唐愚蠢的事一样可悲可笑。

总之,温州人精神世界所存在的种种消极现象,一般说来,不是社会主义商品经济的发展所必然产生的,而是种种历史的、现实的原因综合作用的结果。商品经济虽然具有"诱发"某些消极现象的可能性,但可能性转变为现实性是由"一定条件"促成的。

因此,我们不能简单地把精神领域里的各种消极现象,归咎于商品经济的发展,归咎于改革、开放、搞活,更不应该因此怀疑和否定发展商品经济的必要性以及它所带来的巨大的物质文明、精神文明的成果。否则,是对历史的不负责任。

当然,如果无视商品经济具有"诱发"某些消极现象的可能性,一味唱赞歌,也同样是对历史的不负责任。

(四)问题的根本出路

我们不但要实事求是地看到问题的存在,并找出问题存在的根源,更为重要的是必须找到克服这些消极现象的方法和解决问题的根本出路。

我们认为,温州精神领域里存在的种种消极现象,概括起来主要有两大类。

一是历史遗留下来的问题,如封建迷信活动、赌博、重婚、建庙、建坟以及因金钱欲、发财欲等而产生的"假冒骗"等。

二是在改革开放和发展商品经济过程中,在一定条件下新出现的问题,如经济犯罪、高消费、管理机制不健全以及由此而来的"假冒骗""偷漏欠",对个体和私人经济认识不统一,因收入差距拉大而引起的社会心理失衡等现象。

但无论哪一类,都是温州整个社会、整个事业全面发展过程中的问题,是进步中的不足,是前进中的问题。而前进中的问题只能在继续发展、继续前进的过程中,才能真正得到根本的解决。

因此,在温州精神文明建设中,就克服消极现象的基本思路,我们认为,主要应着眼于以下几个方面。

第一,要着眼于"有为而治"。我们知道,随着社会的进步和物质文明水平的提高,精神文明也总是向前发展的。但这不等于说精神文明是会自然而然地向前发展的,其中需要人们付出艰苦的劳动,进行努力地创造。

无论是精神文明的正面建设,还是对精神领域各种消极现象的解决,都不应该让其自生自灭,搞"无为而治"。和任何一项建设事业一样,对精神文明建设重视不重视、抓得紧不紧、投资多不多、管得好不好,其效果是大不一样的。在精神文明建设上搞"无为而治"，就会使这项工作缺乏指导性、计划性、方向性，使积极、健康、向上的东西得不到支持、鼓励和发扬，而消极、落后、腐朽的东西则得不到制止、批评和治理。

温州的实践证明，凡是重视并采取措施加强精神文明建设的地方，那里的精神文明建设搞得就好些，消极现象也就少一些；反之，存在的问题就比较多、比较突出。

因此，各级党组织、各级领导干部首先应该树立起"有为而治"的思想，重视精神文明建设，加强领导，扎扎实实做好这项工作。

第二，要着眼于积极的建设。社会主义精神文明建设应该始终坚持积极建设的方针。所谓积极的建设方针，是指一方面要积极地克服和解决各种消极现象；另一方面要大力发展积极健康的思想和文化，以正面建设为主要目的。

对那些腐朽落后的思想和文化，当然要批判、要斗争、要破除、要克服，但我们不是单纯为了批判、斗争、破除，而是为了促进和发展积极健康的思想和文化。再说，也只有积极健康的思想和文化丰富了、发展了，才能从根本上取代各种腐朽落后的思想和文化。

因此，从全局、主导、基本和长远方面来讲，精神文明建设的各个方面，应该着眼于积极的建设，重在提高人的思想、文化素质，而不是消极的防范。我们应该把注意力集中到团结人民，充分发挥人民群众的积极性、主动性和创造性上来，集中到满足人民群众的精神、文化需要上来，集中到加强思想道德建设和科学文化教育建设上来，归根到底，集中到促进社会生产力和人的全面发展上来。

温州的精神文明建设，毫无疑问，也应该着眼于积极的建设，把着眼点、根本点、出发点和归宿点放在积极的建设上，从而保证精神文明建设沿着积极健康的轨道前进，更快、更好、更扎实地克服前进中的困难和问题。

第三，要着眼于加快经济发展。社会生产力的发展程度，不但是物质文明水平的基本标志，而且也是精神文明水平的重要标志。这是因为，社会生产力的发展，是精神文明建设的基础。任何一个社会的精神文明，都必须建立在一定的物质生产基础上；改造世界的物质生产实践活动是推动精神文明向前发展的基本动因；社会生产力的发展也是解决消极现象的基本途径。

精神世界领域存在的各种问题，虽然并非全部都是由经济原因直接决定的,但其中大部分都与生产力的发展水平和经济基础有着或多或少的关系。例如,温州人存在的各种迷信活动、陈规陋习、愚昧行为,其产生的真正根源是历史上封建社会的经济基础、小生产的经济基础及其相对落后的社会生产力。而要真正摧毁这些消极现象的根源,使它们最终丧失存在的基础,只能靠社会生产力的进一步发展。

因此,社会主义精神文明建设应该着眼于促进社会生产力的发展。在当前和相当长的历史时期里,就是要继续坚持和深化改革开放,继续大力发展社会主义的商品经济,把我们的社会生产力和现代化建设全面地推向前去,使人民富裕起来,国家富强起来,从而使精神文明建设具有深厚的物质基础,并顺利、健康地向前迈进,全面、协调地推进整个社会的文明发展。

第四,要着眼于综合教育、综合治理。既要扎实加强科学、教育、卫生等文化事业建设,又要实事求是地开展思想教育;既要进行党和国家的方针、政策的教育,又要进行移风易俗等低层次的教育;既要开展广泛的社会道德教育,又要开展深入的法制教育;既要对群众进行教育,又要对党员进行教育;既要对个体户、专业户进行教育,又要对机关干部进行教育;既要晓之以理,又要解决实际问题……总之,要通过政治的、理想的、法律的、道德的、文化的等多层次、多渠道、综合性的精神文明教育,把社会主义精神文明建设全面地推向前进。

这就是说,精神文明建设从内容到形式、从方法到途径,都不是单一的,而是丰富多样的;精神文明建设并不是哪一个部门的事,而是全党、所有党政部门的任务。只有各部门共同努力,多渠道地进行综合教育和综合治理,才能更有成效地建设社会主义精神文明。

第五,要着眼于完善社会管理机制。精神文明不但要靠教育,而且也离不开社会管理。

社会管理既适用于社会的物质文明建设,同样也适用于精神文明建设。控制和消灭各种消极、腐败现象的一个重要途径,就是社会管理。为什么有些丑恶现象死灰复燃?为什么经济犯罪不断?为什么"假冒骗""偷漏欠"现象如此之多?这些问题都与社会管理机制不健全有直接关系。

比如,个体经济、私人经济迅速发展后,管理工作未能及时跟上,体制不健全,就会给一些人偷漏税、投机倒把带来可乘之机;经济体制作了调整,新旧体制有了交替过程,如果监督体制跟不上,就会造成有些生产单位、生产者盲目生产,以次充好,甚至发生"假冒骗"的违法行为;层层放权,如果没有健全的监督、检察、制约的机制,有人就会钻改革的空子,以权谋私。

因此,完善社会管理,加强社会监督,健全规章制度,是保证精神文明建设顺利进行,克服精神领域消极现象的重要措施。

第六,要着眼于小城镇的精神文明建设。商品经济的发展,必然会在一定经济区域形成市场和贸易中心,进而产生城镇。在广大农村,集镇的崛起和发展,对农村的经济、政治和思想文化的发展,有着不可忽视的时代意义。

集镇是一定区域内经济、政治和思想文化的中心,对周围乡村的各方面建设起着指导、示范,甚至支配的作用。它是村经济、社会、文化发展的一大历史性进步,是农民摆脱小农意识、迈向现代文明的关键性一步,是农村整个社会文明程度的一个重要标志,也是联结现代文明中心——城市与广大乡村的纽带和城乡文明互渗的转换器。

因此,加强小城镇的精神文明建设,一方面,可以利用它对周围乡村起辐射、先导和促进的作用;另一方面,抓住了它,也就抓住了农村今后精神文明发展的一个基本趋势。

克服和解决问题的途径是多种多样的,精神文明建设的方法也是各种各样的。我们这里只是就其主要思路而言的。我们完全相信,在党的正确领导下,温州人民一定能够在前进的过程中,逐步克服各种问题。

八、对评价方法和尺度的思考

在上述内容中,我们从温州近年来所取得的丰硕物质文明成果入手,比较客观和系统地概述了温州人精神世界的方方面面。但从"面面观"中,我们却能引出多角度的思考,得出多方面的结论,获得多面性的启示,进行多视角的探讨。

下面,我们以温州人精神世界的方方面面为前提和背景,从理论角度对问题的思想方法和评价精神文明的尺度,做一简略的探讨和思考。

(一)评价方法的思考

改革开放的深入,商品经济的发展,观念世界的变革,必然会激起人们思想上的波澜,从而对它们,尤其是对它们所带来的发展变化、利弊得失进行议论。这是合乎情理的,也是达到统一认识的基本途径。问题是需要有科学的思想方法。怎样看待这几年人们思想观念的更新、对文化生活的新追求、生活方式的新变动;如何看待人们精神世界出现和存在的种种消极现象;在分析这些问题时,应该采取怎样的思想方法?

第一,要有一个"求实观"。求实观是辩证唯物主义思想路线的最基本的方法论原则。

首先,实事求是地看待精神世界的状况。要从客观实际出发,而不能从自己的主观成见、个人兴趣出发,现实状况是什么就是什么,是如何就如何,是什么问题就是什么问题,不能为了论证、说明自己的主观意见而只看到问题的一个方面。例如,我们不能因为对个体经济、私人经济,对温州农村发展商品经济的独特形式有自己的不同看法,就只看到或夸大精神文明领域存在的消极现象;也不能因为对个体经济、私人经济、对温州农村发展商品经济的独特形式有自己的"爱好",就只看到或夸大精神文明领域的光明面。

我们更不应该只凭内心的主观愿望、思辨的逻辑推论,来代替客观的事实。例如:如果用"公有经济→必然产生集体主义观念→必然产生大公无私""个体、私人经济→必然产生个人主义观念→必然产生唯利是图"这样的逻辑推论来判断现实生活,那就难免把事情简单化,得出诸如"越公越好""不能让个体、私人经济存在"等错误的结论。

其次,看事物的"求实观",要求人们实事求是地看到成绩和问题,不能只见光明面,不见阴暗面,应做到尽可能全面地观察事物。

再次,"求实观"还要求人们实事求是地分析取得成绩和产生消极现象的原因,不能把决定和制约事物、产生问题的多因素、多原因单一化。

最后,"求实观"更要求人们实事求是地找出解决问题的途径和方法,不能只满足于找出问题和指摘问题,应积极地采取措施,发扬成绩,克服问题。

第二,要有一个"共存观"。人们总希望社会是一个真善美的纯粹社会,而没有假丑恶;总希望什么都一帆风顺,而没有曲折磨难;总希望事物只有利,而无弊。然而,美好的愿望毕竟不是现实。

事实上,任何社会、任何事物在前进过程中都会伴有消极现象,凡事亦既有利又有弊。温州人的精神世界也同其他地区人的精神世界一样,总会不可避免地存在进步与落后、光明与阴暗、文明与愚昧、真善美与假丑恶、健康与腐朽、科学与迷信、高尚与堕落的矛盾冲突。事物的发展和进步,正是在这种矛盾冲突中实现的。

我们应该正视现实,不能把错综复杂的社会、事物和人们的精神世界简单化、理想化。不然,就会对纷杂交错的现象缺乏足够的思想准备而忧心忡忡、大惊小怪,或者对事物苛求太甚、求全责备,或者面对现实,失去前进的信心,或者做出因小"弊"废大"利"、因小"失"废大"得"的错误选择。社会总是一个五光十色的万花筒,事物的发展总要付出一定的代价,人们的工作总会有失误。

因此,我们看事物应该有一个光明与阴暗、得与失、利与弊、进步与代价的"共存观"。当然,我们不能只停留于"共存"上,因为,我们的使命在于尽一切可能扩大光明面,减少阴暗面,在于举得抑失,在于兴利除弊。不过,要做到这一点,首先要有"共存观"。天真烂漫的想法和求全责备的态度,其结果除了牢骚和怨言外,大概与上述"使命"无缘,至少是关系不大。

第三,要有一个"主次观"。我们光承认光明与阴暗、进步与落后、利与弊的"共存性"还不够,更主要的还要看到问题的主导方面,究竟是光明多于阴暗、文明胜于愚昧、进步大于落后、利多于弊,还是相反。

这就是说,我们要分清问题的现象与本质,分清问题的主流与支流,分清问题的主要方面与次要方面。我们知道,事物的性质是由处于矛盾主导地位的方面所决定的。因此,只有把握了问题的主导方面,才能对现实、对事物的现状有一个正确的估计,才能对事物的前途有一个正确的认识,才能使我们做出符合实际的决策。

我们认为,温州人民通过发展商品经济和改革开放,在逐步走向富裕的过程中,产生了大量积极健康的思想观念,哺育了许多进取向上的道德精神,推动了文化事业的迅速发展,丰富了人们的文化生活,促进了生活方式的变革,提高了人们的各方面素质。

同时,在实践中,某些不良思想观念也出现了,也"诱发"了一些封建残余思想、封建旧文化和一些陈规陋习、丑恶现象的死灰复燃,为一些不法分子或道德败坏的投机者提供了某些"空子"和"机会"。但是,我们在改革开放的实践中,在中国人的精神世界、温州人的精神世界的"图景"中,可以清晰地看到其光明面是占主导地位的,而且,光明面正在不断扩大,阴暗面正在缩小。

第四,要有一个"发展观"。看问题不但要有"主次观",还要有一个发展、变化的观点。

所谓看问题的发展观,首先,就是要不断巩固大事物的光明面、进步面,不断地把积极、健康、向上的事物推向前去。其次,要分析存在和出现的阴暗面、消极现象,是事物发展中的问题,还是事物倒退中的问题;是我们整个事业前进中的不足,还是整个事业停滞或退化中"无可救药"的"毛病"。再次,对消极现象、阴暗面不可漠然视之,而要认真对待,高度重视,积极采取措施加以克服、解决,从而推进整个事业更全面地向前发展。

我们认为,精神世界近年来出现的问题也和其他领域出现的问题一样,是在我们社会、整个事业不断取得进步、不断向前发展中的问题。而前进中、发展中的问题,只要多加重视,采取对策,是完全可以在继续前进中逐渐减少和克服的;我们的成绩和光明面是可以在继续发展中不断扩大的。我们克服和解决种种消极现象,是为了更好地完善我们的事业,推动我们事业的发展,因此,我们不能因为在前进中遇到某些曲折,出现一些消极现象,就让整个事业停滞下来,更不能倒退、走回头路。

历史发展的规律告诉我们,任何社会问题,包括精神世界的消极现象,都不是、也不可能是在社会停滞和社会倒退中克服的,而只能是在社会发展和社会前进中得到解决的。停滞和倒退只能使原有的问题更加恶化,更难以解决。

所以,我们今天在改革开放过程中,在发展商品经济过程中,在观念变革过程中,在精神文明建设过程中,不能因为遇到一些矛盾和问题,碰到一些失误和曲折,出现一些困难和阴暗面,就止步不前或打退堂鼓,而应该满腔热情地、信心十足地在把我们整个事业继续往前推进,去更顺利、更有效地解决它们。

(二)评价尺度的思考

正确认识和看待温州人精神世界的方方面面,不但要有科学的思想方法,而且还需要有客观的评价尺度和标准。这在当前显得更为必要和有意义。

因为,我国的经济体制和其他体制正处在一个新旧转换的胶着状态;社会的经济形态正处在自给自足的自然经济向大规模的商品经济转化的过渡时期；与此相应，社会的文化心理、人们的思想观念和评判事物的价值尺度，也处在一个多方面的转换、更新的时刻。在这样一个时期，社会必然会出现纷繁复杂、千变万化的情况和犬牙交错的局面，人们衡量事物的标准和尺度也会暂时出现某些"紊乱"现象。

这就需要对评价事物的尺度本身作深刻的反思。我们要对精神文明建设状况做出正确的估价和把握，就必须有正确的、科学的评价尺度。在当前，应注意以下几个方面。

第一，要运用多层次、多方面的评价尺度。四项基本原则是我国社会主义精神文明建设的最一般、最基本的标准，但不是唯一的尺度。因为，人的精神世界是由纷繁复杂、无穷变化的各种精神因素所组成的；社会的精神文明建设是一项宏大复杂的系统工程。它的性质具有多面性，它的内容具有丰富性，它的因素具有多样性，它的结构具有多层次性，它的建设途径和方法具有广泛性，它的存在和发展具有历史性、易变性。因而对它的评估、取舍要有多种多样的尺度，而不能像过去那样用单纯的、大一统的标准；各种尺度之间往往是互补的，而不是相互对立和相互排斥的。

不运用多种的评价尺度，我们就会犯以偏概全、挂一漏万、张冠李戴、脱离实际，甚至"取（攻）其一点，不及其余"的错误。对此，我们曾有过不少的历史教训。在农村，尤其要防止脱离实际、重犯过去的错误。当然，各个具体的、特殊的尺度，也不能背离四项基本原则这个总的标准。这里还需要指出的是，社会主义物质文明和社会主义精神文明是两个既有交叉内容，又有明显差别的不同范畴，前者所指的内容和范围要比后者广泛、丰富得多，因而评价的尺度也不完全相同。

评价标准的多面性还要求我们，必须既防止把外国的文明模式作为评判我们文明的依据，又防止简单地用我们的价值标准去评判外国的文明；既要防止把当代资本主义文明作为照搬照抄的理想模式，更要防止把封建主义的、小生产的、僵化的东西作为留恋、追求的样板。

总之，对人的精神世界的评价一切都不可简单化、抽象化。

第二，要运用发展的、动态的尺度。人的精神世界、现实存在的精神文明，总是处于不断变化、发展、建设过程中。"精神文明""精神世界"始终是一个不断发展着的过程的集合体，而不是先验存在着的僵死的"模特儿"。

但是，有些人总不自觉地以为有一个早已存在着的精神文明的理想模式,而且这个模式是十全十美、永恒不变的,人们只要按这个模式去做就行了。这些同志常常用自认为的理想模式去评判现实生活中的精神文明。诸如现在人们的思想道德不如以前了,今天的精神文明没有过去好了等等,这就是先验模式、僵化模式作怪的一种表现。其实,这种模式带有很大的主观随意性和静态的滞后性,它在相当程度上与当年杜林"先设计出的一个先验的世界模式,以后才有现实的自然界和人类社会的出现"一样荒唐。

因此,要坚持用建设的、发展的、动态的尺度,去看待和认识活生生的现实的精神文明,而不能用先验模式的、过时了的静态标准,去简单地描述现实中发展着的精神世界。

第三,要坚持运用现实的、时代的尺度。我们进行精神文明建设,建筑精神世界的文明宫殿,以及对它们的评估,都必须立足于现实的基础上。

我们的精神文明建设,必须与整个社会的经济基础、生产力发展水平相适应,必须与整个时代跳动的脉搏相吻合。我国还处在社会主义的初级阶段,正在发展社会主义的商品经济,正在深入全面地推进改革开放,正在探索社会主义现代化建设的有中国特色的道路,正在用实践的观点、发展的观点、创造的观点,科学地坚持我们所必须坚持的基本理论和四项基本原则。我们正是在今天这样的社会背景下和现实基础上,从事精神文明大厦建设的。因而我们只能用现实的、时代的评价尺度,去认识和建设当前的精神文明事业,不能搞脱离实际的、违背时代精神的"理想主义""空想主义"。

当然,根植于现实生活的、具有可行性的理想目标是必要的,但这并不应该成为倡导脱离实际的"理想主义"的理由。所谓现实的、时代的尺度,就是要在坚持四项基本原则的前提下,努力建设与我国社会主义初级阶段的经济、政治,与改革开放,与发展社会主义商品经济,与广大人民群众的思想素质和科学文化素质基本上相适应的精神文明。无视我国国情和上述最基本的事实,在精神文明建设上脱离实际,搞超历史阶段的理想主义,要求纯而又纯,就会受到社会发展规律的又一次惩罚。

第四,要坚持运用发展生产力和物质文明建设的尺度。贫瘠落后的土地,是不可能建立起巍峨的社会主义大厦和光彩夺目的精神宫殿的。只有在物质文明的建设过程中,才能真正确立起精神文明的地位和发挥精神文明的积极作用。是否有利于解放生产力、促进经济建设,始终是我们判断意识形态、上层建筑是前进还是倒退的一个基本标志。

在现阶段,我国社会的主要矛盾是人民群众日益增长的物质文化需求同社会生产力不相适应之间的矛盾。在我国社会主义现代化建设的总体布局中,经济建设始终是不可动摇的中心。因此,我们在认识、评价和进行精神文明建设的过程中,必须始终坚持历史唯物主义的基本观点,把是否促进经济建设、物质文明建设和社会生产力的发展,作为一个基本的尺度去衡量人们的精神世界,去检验我们的精神文明建设。积极向上的精神文明发展,归根结底要靠社会生产力和物质文明来推动。克服和解决精神领域的种种消极现象,摧毁产生这些消极现象的经济基础和社会根源,最终还是得靠社会生产力的发展。无法想象经济建设一团糟的地方和单位能真正建立起高度的、完整的精神文明。

反之,高度的、良好的精神文明建设,必须同时也体现在和落实到物质文明建设的成果上。我们不能离开经济建设、社会生产力的发展而侈谈"精神文明"。任何淡化经济建设和发展生产的观点和做法,都是不符合党、国家和人民群众的根本利益的,也是违背精神文明自身发展规律的。当然,经济建设和生产力的发展并不是精神建设的唯一标准。正如我们前面所指出的,精神文明本身还有多种多样的标准。同时,也不应该把物质文明同精神文明对立起来,精神文明对推进物质文明建设也具有多方面的能动作用。

当前,我国的各个领域都处在一个变革、转折时期,人们的评价尺度也处在同样的变动时期,这就特别需要防止发生因原有某些评判事物的价值观念未能实现同步的变革,而可能用过时了的老眼光、老框框看待现阶段新出现事物的"滞后病"。要防止把一些本来就不是问题的东西看成是需要克服的消极问题;要防止把社会上各个领域里存在的所有消极现象,都统统归结于精神世界的问题的不公正做法;要防止在改革开放、发展商品经济条件下,把历史遗留下来的消极现象都视为新产生的消极现象的非历史主义态度;当然也要防止只见成绩、不见问题,把新出现的任何事物都当作合理的东西来歌颂的盲目乐观主义;同时还要防止否定一切传统、抛弃一切过去的东西的历史虚无主义做法。

此外,在变革时期,许多事物都处在探索、试验、实践之中,有些一时拿不准的事物,就不宜简单下定论,应允许等一等、看一看,不要对其过于苛求。唯其如此,方能让该生的东西早日诞生,该死的东西早日死去。

总之,只要我们掌握了辩证的、科学的思想方法和评价尺度,就会对事物的复杂性,对温州人精神世界的方方面面,有一个比较客观的、清醒的、积极的看法,得出比较切合实际的结论,从而满怀信心地、脚踏实地地把温州的精神文明建设和整个社会主义事业推向前去。

今天的温州,是在探索和创造中崛起的;未来的温州,也必定会在探索和创造中奋飞。

今天的温州人,正站在历史与现实、昨天与明天的交叉点上。

他们正艰难地挥手告别"旧我",正信心十足地奔向现代化文明的"新我"。

尽管在这时代性的蜕变中,他们还不时地显现出昔日的点点"黑斑",但他们正满面春风地走向充满希望的未来。

在人们的精神世界里,新与旧、真与假、善与恶、美与丑、文明与愚昧、进步与落后、先进与腐朽、科学与迷信、理想与现实、积极与消极、前进与滞后、变革与守旧、光明与阴暗……是如此纷纭交错、如此截然相反,而光明面的"主旋律"又那么令人振奋。这是时代的现实"反差",是转折时期的真实"画面"。然而,我们相信,这是新生儿诞生前的"阵痛";眼前的一切,必定是更深刻变革的"序幕",也一定是精神境界大升华的"前奏曲"。

我们衷心祝愿温州人在未来的征途上,为社会创造出更多、更好的物质财富和精神财富;同时,也热切希望温州人更快、更好地完善和发展自身,培养出无愧于我们时代的新一代"温州人"。

努力吧,温州人!

九、附录:理论学术界有关温州人精神世界讨论会备忘录

(一)温州精神文明建设讨论会观点综述(1987)

前不久,浙江省社科联和温州市委宣传部发起的"温州试验区精神文明建设理论讨论会",结合温州精神文明建设的实际,重点讨论了以下两个问题。

1.评价精神文明的标准

代表们对这个问题展开了较为激烈的讨论。

主要有三种观点。

一是认为评价精神文明的标准,主要是看精神文明自身的发展,即人的思想道德素质和文化素质提高的程度,绝不应该到精神文明之外去寻找某种尺度。

二是认为精神文明不像物质文明的发展是客观的过程,它本身是主观的、精神的东西,因此必须有一个衡量它的客观标准,这就是看精神文明是否促进社会生产力的发展。在当前,就是看其是否推动现代化建设,促进改革开放和社会主义商品经济的发展。

第三种观点认为,评价精神文明的进步性质和发展程度,标准是多方面的,尺度是多元的。可以从不同角度去衡量,各种标准之间是"互补"而不是完全割裂的。因此,应该有一个立体的、多维的、综合的评价坐标系统,这就是人的全面的自由发展。

2. 发展商品经济与精神文明建设

发展社会主义商品经济对精神文明建设的作用,是讨论较为激烈的一个问题。

第一种观点认为,发展社会主义商品经济和精神文明建设完全是一致的,社会主义商品经济的发展对精神文明建设具有积极作用,而无消极作用。理由是:发展社会主义商品经济,不单是个经济问题,同时也是一个文化问题;社会主义的商品经济本身就已排除了经济生活中的那些消极现象,那些消极现象本身就是阻碍社会主义商品经济发展的;精神领域中存在的各种消极现象,归根到底只有通过发展社会主义商品经济,提高社会生产力发展水平,才能被真正克服。

第二种观点认为,发展社会主义商品经济对科学文化有直接的促进作用,但对人们的思想道德观念来说是"中性"的,既无积极作用,又无消极影响。主要理由是:商品经济的发展并不能直接对人们的思想道德观念发生作用,直接决定人们思想道德观念的主要是社会的经济性质、所有制关系、分配关系,以及国家的统治意识等。

第三种观点认为,社会主义商品经济的发展对精神文明建设的作用具有两重性,如等价交换既有利于贯彻按劳分配的原则,又可能产生"金钱至上"的观念,等等。多数同志持这种"两重说",并认为发展社会主义商品经济对精神文明的促进作用是占主导方面的,产生的消极作用是次要的,我们不能因噎废食。

第四种观点认为,发展商品经济对精神文明的积极作用和消极作用,都要具体分析。他们对当前存在的一些消极现象加以具体分类,认为一类是与发展商品经济没有任何联系的,如封建迷信等。一类是与发展商品经济有直接联系的,如商品经济活动中的"假冒骗"、以次充好、行贿受贿等行为。但有直接的联系,并不一定是必然的联系。另一类是与发展商品经济有间接联系的,如唯利是图、"一切向钱看"、铺张浪费等。

多数同志认为,当前存在的消极现象绝大部分是历史上产生、形成而遗留下来的,只不过在新的社会历史条件下采取了新的表现形式、发生了量的变化而已。产生这些消极现象的原因是多方面的,既有历史的,又有现实的;既有经济的,又有意识本身的;既有工作上方法不当造成的,又有法律、体制、政策上不完善造成的;等等。我们切不可把它们完全归咎于改革开放,归咎于社会主义商品经济的发展。

（王永昌,洪振宁　整理）

(二)温州市精神文明建设理论讨论会召开(1987)

浙江省社会科学学会联合会和中共温州市委宣传部于 1986 年 12 月中旬在温州召开了"温州精神文明建设理论讨论会"。北京、上海、辽宁、广西、江苏、福建、浙江等地的一些理论工作者和实践工作者应邀参加了会议。

与会同志认为,近年来,温州的广大干部、群众在党的建设有中国特色的社会主义的总目标和改革开放的总政策指引下,坚持从当地的实际情况出发,在农村逐渐形成了以家庭经营为基础、以家庭工业和联户工业为支柱、以专业市场为依托、以购销员为骨干、依靠自己力量发展商品经济的新格局。在这种情况下,探索怎样加强温州市社会主义精神文明建设,坚持社会主义方向,是具有非常重要的现实意义的。

与会代表对温州市一些商品经济较为发达的地区进行了实地考察,并对大量调查报告进行了分析研究。代表们认为,近年来,随着改革开放和商品经济的发展,温州的物质文明建设取得了一定成果,精神文明建设也同样有了明显的进展。代表们通过对实事求是的思想路线的贯彻,人们思想面貌的新变化,群众的积极性和创造性得到较好的调动和发挥,群众热心集资办社会公益事业和文化教育事业,党风和社会风气好转,社会安定团结以及温州经济格局对发展商品经济、改革开放、建设有中国特色的社会主义的重大理论意义等方面的考察,认为温州农民正在成为有一定觉悟的社会主义商品生产者,他们正处于思想观念和精神状态的积极而深刻的变化过程中,其经营能力、科技文化素质也得到了较快的提高。这是温州精神文明建设的主流。

与会代表同时实事求是地指出了现阶段温州的精神文明建设在不同程度上存在的一些消极现象。如一些个体户、专业户在生产经营中的"假冒骗""偷漏欠"、行贿等不讲职业道德的现象,以及有些地方封建迷信活动有所增多、教育比较落后、环境有所污染、卫生习惯差等状况。绝大多数同志认为,发展商品经济对温州精神文明建设的促进作用是主要的,消极作用则是次要的。此外,还有的同志认为,温州精神文明建设存在这些问题的一个重要原因,就在于温州正处在从农业的小生产领地走出而又只是刚刚走向工商业生产岗位,正在尝到党的政策的甜头而又不时地担心党的政策会变的矛盾变化之中。因而所存在的问题都是发展中的问题,是可以解决的。

与会同志认为,要有效地克服和消除温州精神文明建设中的上述消极现象,就要坚持党的对内搞活、对外开放、发展社会主义商品经济的政策,大力加强社会主义精神文明建设,其中包括思想建设和文化建设、民主建设和法制建设,完善各种管理制度,向广大群众进一步宣传党的既要坚持社会主义方向,又要发展商品经济的各项政策,使他们不断提高建设社会主义精神文明的自觉性。

(三)王永昌在温州试验区精神文明建设理论讨论会上的发言摘登(《温州日报》1986 – 12 – 15)

> 精神文明建设的着眼点,应该牢牢放在适应时代的潮流上,放在促进改革开放和发展商品经济上,放在推动生产力的发展上,放在满足人民日益增长的精神文化需要上。唯其如此,社会主义精神文明建设才能真正健康地向前发展。

时任温州市委宣传部部长的王永昌谈当前温州精神文明建设的着眼点。

第一,精神文明建设的着眼点,应该始终和时代的潮流相一致,符合时代的本质要求。当今中国的时代要求就是全面改革和开放,大力发展社会主义商品经济,努力建设有中国特色的社会主义现代化强国。从时代的这一主题出发,温州的精神文明建设,同样应该着眼于怎样促进温州的改革和开放,怎样推动温州的商品经济发展,怎样保证试验区的顺利发展,怎样调动温州干部和群众的积极性、创造性,为建设一个现代文明的新温州而奋斗。

第二,精神文明建设的着眼点,应该始终和我国社会主义现代化建设的总体布局相统一。否则,我们的精神文明建设就会违背社会主义社会发展的客观规律。

第三,精神文明建设的着眼点,应该始终坚持放在建设的方针上。在新的历史时期,我们必须抛弃"以阶级斗争为纲"的"左"的指导思想,破除"批判"当头,摆脱"大破""大批"的"斗争哲学"的影响。对精神文明的各个方面,任何时候都应着眼于积极地建设,重在提高人的素质,而不是消极地防范。我们应该把注意力集中到团结人民,充分发挥人民的积极性和创造性上来,集中到满足人民的文化和精神需要上来,集中到加强思想道德建设和教育科学文化建设上来,归根结底,集中到促进社会生产力发展上来。这"四个集中",是我们任何情况下都不能忘记的精神文明建设的根本点,忘记或违背了这个"根本点",就会脱离实际,脱离群众。

第四,消灭消极现象的根本途径,归根结底只能是社会生产力的发展。温州在取得历史性进展的同时,也存在和出现了一些消极现象,有些甚至是比较严重的。有些人对此忧心忡忡,这些人的出发点是好的,也是可以理解的。对这些消极现象,我们应当给予高度的重视,采取积极措施,加以引导、管理和解决。但不能把消极现象简单地归咎于改革开放,归咎于发展商品经济,其中的绝大部分与改革开放和发展商品经济没有必然的联系。只要我们把各种消极现象一一加以分析,就可以发现,它们产生的真正根源是历史上封建社会的经济基础、小生产的经济基础及社会生产力的相对落后。当然,也有体制上的不完善和工作上不得法的原因。因此,摧毁这些消极现象的根源,使它们最终丧失存在的基础,其根本的途径只能是社会生产力的发展,只能是继续改革开放,只能是大力发展商品经济,只能是用积极健康的、先进的精神文化成果去取代错误的、落后的东西,只能是普及教育、传播科学文化知识。

（四）"温州模式"对精神文明建设的意义（《光明日报》1987 - 02 - 23 第 3 版）

十一届三中全会以来，在党的建设有中国特色的社会主义的总目标和改革开放的总方针的指引下，温州广大干部和群众坚持从本地的实际情况出发，创造性地贯彻和实行党的国家、集体、个人一起上，允许一部分地区和一部分人先富起来的政策，在农村逐步摸索出了一条以家庭经营为基础、以家庭工业和联户工业为支柱、以专业市场为依托、以购销员为骨干、依靠自己的力量发展商品经济的新路子。由于有了这条新路子，自给自足的自然经济开始被具有一定发展程度的商品经济所取代，长期处于停滞、缓慢发展中的社会生产力得到了较快的发展。1978 年至 1985 年，全市工农业总产值平均每年递增 19.4%；单纯的农业型经济结构向工业型的经济结构转化。在商品经济发达的乡镇，工副业的比重已达到 70%～90%；劳动力由过去大量剩余开始变为不足，一百万劳动大军的就业问题得到了解决；破落的旧村镇逐步向新集镇发展；人们的生活开始摆脱贫穷而走上富裕。在商品经济获得较快发展的基础上，温州的精神文明建设也取得了一定的成绩。那么，商品经济的发展，对温州的精神文明建设，究竟主要有哪些意义呢？

1. 有益于在理论上探讨建设有中国特色的社会主义的问题

第一，温州模式可以给我们这样的启示：各个民族和国家的社会主义建设道路和模式，是可以多种多样的；一个国家中的各个具有不同特点的区域也都可以有自己独特的建设道路和模式。温州模式和苏南模式一样，是我国不同区域在建设有中国特色、有本地特色的社会主义过程中可供借鉴、可供选择的一种模式。

第二，社会主义的建设道路，特别是经济建设道路，从整体和长远的方面讲，无疑是走以国有经济和集体经济为主体的建设道路。但是，在这种比较集中、统一的经济形式条件下，如何发挥家庭的生产职能，如何调动个体的劳动热情和生产积极性？以家庭经济、联户经济和个体经济为主要特征的温州模式，在这方面做了富有成效的有益尝试。

第三，广大农民打破了对国家和集体的依赖思想，依靠自己的智慧和力量,自力更生地走出了一条建设社会主义现代化新农村的新路子。

第四,在我国,广大贫穷落后的农村,在生产力水平低下、国家没有多少投资、城市辐射面小、集体经济力量不足的情况下,怎样发展商品经济,怎样解决就业、温饱问题,继而在温饱的基础上,又怎样使一部分人先富起来,并带动人们共同劳动致富? 在温州的许多地方,这些问题已经开始逐步得到解决,并提供了许多可供借鉴的经验。

第五,温州模式的重大理论意义,还表现在为我国的经济体制改革提供了多方面的经验和有益的启示。例如,改革的模式、改革的主体、改革中的所有制经济结构、全方位的市场开放、金融体制改革、联户经营、在改革中怎样对待群众的首创精神等问题,都在实践中作了大胆的探索。

2. 有利于激发人们的主观能动性

精神文明建设的一个根本任务,在于充分调动人们的劳动积极性和创造精神。以个体经济、家庭工业和联户经营为基本特征的"温州模式",使劳动者和生产资料、决策和实施、生产和流通、经营和管理、生产和分配直接有机地结合起来,取消了介于这两者之间的不必要的种种环节。劳动者在决策、生产、流通、经营、管理、分配、消费等整个经济运行过程中,都拥有高度的自主权,从而使他们直接感受到了自己的能动的本质力量,看到了自己的劳动和幸福是密切相关的,因而充分激发了生产者的主观能动性。

3. 有利于广大群众树立社会主义思想观念

在坚持社会主义方向及坚持改革和开放相统一的实践过程中,实事求是、从实际出发的观念得到了发扬,平均主义、吃大锅饭的观念开始退出历史舞台,靠人才、靠知识、靠勤劳致富的观念开始占据统治地位,墨守成规、安于现状、闭关自守、不求上进的落后观念逐渐被改革开放、积极进取的观念所取代,反映自给自足的封闭式的自然经济和小生产的观念逐步被抛弃。在政治观念上,由于生产者的经济活动和利益之间存在着直接的相关性,而他们的经济活动又直接受党和国家方针政策的影响,因而他们普遍关心和拥护党的现行的方针政策,这就大大增强了他们的政策观念和坚持四项基本原则的自觉性。同时,由于生产者和经营者在经济活动中的自主权得到了加强,因而在思想政治领域中,他们开始摆脱了过去的依赖思想和依附观念,使平等、民主等观念得到萌生。随着生产者经济实力的增强和生活水平的提高,他们也在社会活动和政治活动中提出了新的要求,开始形成了更为明确的要参与社会和国家活动的政治意识。由于经济活动常常涉及法律问题,生产者的法制观念得到了增强。

4.有利于文化建设和缩小三大差别

富裕起来的温州农民,对科学知识、科技人才、文化建设和教育事业更为关注。在温州,到处可见农民集资兴办的教学楼、图书馆、影剧院、公园、游乐场、电视差转台等。看来,在广阔落后的农村的文化教育和公益事业的建设上,光靠国家有限的投资来兴办是远远不能从根本上解决问题的,而必须多层次、多渠道、多途径来进行,要调动和发挥亿万农民自身的积极性和创造性、要做到这一点,没有千家万户富起来,是不可能的。

温州农村发展商品经济是以集镇和集镇的商品市场为依托的。集镇是农村发展商品生产的基地,又是进行商品交换的市场,同时也是农民获得信息、技术的重要场所。在温州,家庭工业和商品市场相依为命,相互促进。家庭工业只有依靠商品市场才能完成整个经济运行过程,因而家庭工业和商品生产的发展,必然产生集市贸易。目前,温州有各种大小市场 415 个,并向专业化、社会化方向发展。专业市场的兴起,为城镇建设打下了坚实的经济、文化、社会基础。近三四年来,全市建制镇由原来的 23 个迅速发展到 86 个。集镇人口已达到 147 万,占全市农村人口总数的 25.5%。集镇建设的加强和兴起,缩小了工农差别、脑力劳动与体力劳动差别、城乡差别,使温州开始出现了城乡共同发展、共同繁荣的新局面。

以上我们着重从整体上,从"温州模式"对精神文明建设的积极方面进行了探讨。当然,温州地区也还存在一些消极的现象。但我们相信,随着温州地区的经济和社会的发展、社会主义精神文明建设的加强,这些问题是可以逐步得到解决的。

第四章
温州民间融资的新变革

    2012 年 3 月，我由浙江省政协副主席转职浙江省人大常委会，担任副主任，具体负责地方立法工作。浙江省人大常委会 2013 年的一项重要地方立法任务是对温州民间融资的立法。30 多年来，温州的改革和发展早已今非昔比，但民间融资却始终是一个十分重大而敏感的课题。金融法规和政策的制定及调整属中央职权，地方无权问津。而这次之所以可以对温州民间融资进行地方立法，正是根据国务院的授权而开展的。

    26 年后，我又有机会能较深入地就民间融资问题去温州展开调研。2013 年 3 月 13 日，我们调研组在温州市政府召开了座谈会，会上我作了即席发言，下文是根据记录整理的。

一、我国民间融资的一场立法大变革

    刚才听了大家的发言，我深受启发，收获很大，也对温州金融综合改革的进展情况及其重要性、必要性有了新的认识。省人大对温州金融综合改革非常重视,已将温州民间融资立法列入 2013 年省人大常委会立法计划的预备项目。这次调研,省人大是提前介入的,期望能及时充分了解情况,形成工作合力,积极稳妥地推动民间融资立法工作。

大家知道,"民间融资"历来存在于"民间",甚至是"地下"。"民间融资"自古就存在,有社会需求和合理性,但带来的社会问题也不少。对温州的民间融资进行立法,这是我国金融发展史上的一次大变革,将对全国的民间融资、金融体制带来广泛而深刻的影响。

刚才大家提出的立法意见和建议,我们回去后将认真进行整理和消化,并根据法规起草情况予以吸收和转化。

下面,我就金融改革的相关问题与大家交换几点看法。

(一)金融综合改革进展有成效

2012 年 3 月,国务院常务会议决定设立温州市金融综合改革试验区。一年来,温州紧紧抓住机遇,围绕金融改革的目标和任务,不断推进改革,取得了明显的进展,根据你们的介绍,我认为主要体现在八个方面。

一是在学习贯彻落实国务院关于温州市金融综合改革试验区总体方案和省委省政府相关文件精神、统一思想认识方面取得新进展。国务院批准设立温州市金融综合改革试验区后,温州市高度重视,统一思想,提高认识,形成共识;开展金融综合改革的工作目标明确,思路清晰,措施有力,开局良好,为改革的深入开展打下了良好的基础。

二是在出台相关金融政策方面取得新进展。国务院制定出台了《金融机构加大服务创新参与金融改革促进实体经济发展的意见》等政策文件,推动温州当地的银行、保险、银监、保监等金融部门,围绕创新服务实体经济的目标,积极参与金融改革,做了大量工作。特别是在创新金融产品,提供金融服务,促进"正规"金融机构和民间金融、体制内外互为一体,共同推动金融综合改革进程和服务地方经济发展,实现共赢互惠方面,温州动了很多脑筋,也取得了积极成效。

三是在发展民间金融方面取得新进展。着力探索建立公平公正、规范有序的准入制度,鼓励和支持民间资本进入金融、社会事业及基础设施建设等领域。同时,深化发展小额贷款公司试点,加快推进农村合作金融机构股份制改革,稳步推进农村资金互助会试点等都取得了新的突破。

四是在创新民间金融机构组织方面取得新进展。不断创新民间金融服务平台,建设服务渠道,设立民间借贷服务中心,引入P2P融资中介机构,组建民间资本管理公司,首创温州民间融资综合利率指数"温州指数"并将其实时发布等,通过发展民间金融组织机构引导民间金融规范发展。

五是在探索增加群众财产性收入方面取得新进展。探索发展专业的资产管理机构,设立民间资本的财富管理中心,提高资金抗风险能力,努力增加群众财产性收入,实现财产的保值增值。

六是在加强民间金融监管和风险防范方面取得新进展。制定出台《关于加强地方金融监管工作的实施意见》,组建温州地方金融管理机构,成立金融法庭、金融仲裁分院和金融犯罪侦查支队,加强对民间金融的监管力度,强化金融风险预警,努力化解金融纠纷。

七是在加快发展金融业方面取得新进展。温州金融综合改革启动后,温州当地金融业发展迅速,从数据上看,已经占到当地服务业的20%以上、当地生产总值的10%,数量相当可观,温州金融业的发展前景良好。

八是在推进民间融资制度化建设方面取得新进展。温州市根据国务院确定的改革任务,组织了专门的课题组,开展了民间融资立法的调查研究工作,促进了民间金融的规范化和法制化发展,也为省人大开展温州民间融资立法打下了良好的基础。

仅仅一年时间,温州开展金融综合改革就取得了这么好的成绩,实属不易,也期待能够继续抓住机遇,加大资源整合力度,推动各项工作更上一个台阶。

(二)金融综合改革的重大意义

温州作为国务院确立的首个金融综合改革试验区,其改革进程和成果对其他地区具有重要的示范作用。我们要站在更高的层面,进一步充分认识温州金融改革对于我省乃至全国经济社会发展的重大意义。

第一,金融文明发展是人类文明发展的大趋势。人类社会从男耕女织、自给自足的农业文明,发展到了以劳动分工精细化、劳动组织集中化、生产规模化等为特征的工业文明。下一阶段,将是以信息化、服务业为主要特征的新型现代文明,而金融文明则是现代文明的重要基础条件。纵观当今世界,拥有发达的金融业是大国崛起的必然要求,是当今发达国家的共同特征。我们开展金融改革,必定要努力发展金融文明,以顺应人类社会发展的潮流。

第二,现代经济体系离不开相对成熟的金融体系。市场经济体制需要三大支撑点,分别是权责利高度统一的现代产权制度——法制基础、高度发达的现代科学技术——科技基础,以及体系多元化、业务国际化、经济货币化的现代金融制度——金融基础。我们要完善市场经济体制,建立现代经济体系,必须加快金融改革,建立相对成熟的金融体系。

第三,发展现代金融是实现"中国梦"的重要方面。党的十八大提出了全面建成小康社会,实现中华民族伟大复兴的目标。实现"中国梦",振兴中华,必须振兴金融。目前我国的金融业发展仍处在"婴幼儿"时期,发展空间非常广阔。我们要抓住温州市开展金融综合改革试验的契机,深化金融体制改革,加快发展民营金融机构,加快发展多层次资本市场,健全促进宏观经济稳定、支持实体经济发展的现代金融体系。

第四,发展现代金融是增加群众财产性收入的重要途径。党的十七大、十八大提出要创造条件让更多群众拥有财产性收入。财产性收入从何而来,其中比较重要的渠道是通过创新金融工具,完善金融产品和服务,让群众的财产能够保值增值,否则,人民群众仅仅依靠传统的劳动,只会有"勤劳"而不会有"富裕"。

第五,发展现代金融是实现经济可持续发展、社会和谐稳定的重要因素。改革和发展金融业,实现社会资本的高效配置,使金融更好地服务实体经济,有利于深化要素市场的改革、促进经济结构调整、推动产业转型升级、培育新的经济增长点,从而突破刘易斯转折点和人口红利消失带来的增长瓶颈,跨越中等收入陷阱,实现经济的持续健康较快发展。同时,从国际社会发展规律看,发生社会危机往往首先是金融出现了问题。深化金融改革,发展民间融资,打开"前门",关掉"后门",有利于促进金融健康发展,也有利于促进社会和谐稳定。

(三)加强对民间融资改革重点问题研究

发展民间金融,首先要加强对金融知识的学习和研究。从金融学角度来说,实物资产货币化、货币资产资本化、产业资本金融化、金融资产证券化是金融发展的客观过程,也是社会经济进步的重要标志。我们国家所称的民间金融,一般是指由政府批准并进行监管的金融活动(即"正规金融")之外的、游离于现行制度法规边缘的金融行为,是金融体系的重要组成部分,也受金融发展规律的支配。

在研究和把握金融学知识的基础上,还要更加有针对性地加强对民间融资改革中一些重要问题的研究。

民间融资改革从逻辑上讲,可以分为六个环节:一是融资主体及主体的资金;二是资金的集合,包括银行、资金管理公司、私募等各种集合的形态;三是资金的流动及集合的资金如何进行最优配置;四是资金流动的利率、风险,即金融交易成本、风险的定价问题;五是融资风险的防范及监管;六是监管的体制和组织。要围绕上述六个逻辑流程,对其中的重要问题开展深入研究,从而为民间融资立法和民间融资的发展提供有利条件。

(四)民间融资立法应重点解决的问题

温州民间融资立法是国务院确定的温州金融综合改革的重要任务之一,也是规范和发展民间融资,促进金融综合改革顺利开展的重要保障。要以坚持可行性、体现科学性、增强可操作性为重点,深入调查研究,重点关注解决以下几个问题。

第一,民间融资的概念。对民间融资目前还没有统一的定义,一般是指在国家法定金融机构之外,以取得高额利息与取得资金使用权并支付约定利息为目的的种种金融行为,其范围比民间借贷范围更宽,但比民间金融的范围要窄。民间借贷是民间融资的传统方式,实践中还有民间票据贴现、私募债券、私募股权、合会等多种形式。对民间融资的概念和范围进行界定,涉及法规的调整范围、条文框架和制度设计等内容,这是开展立法的基础。

第二,立法的宗旨和目的。温州开展金融综合改革的一个重要任务就是规范和发展民间融资,使民间融资"阳光化",民间融资立法当然也要服从和服务于这一目标任务。通过法律的制度安排和设计,建立民间融资良好的市场秩序,大力发展金融业,努力完善资本市场,使金融业能更好地服务实体经济,促进地方经济社会的持续稳定健康发展。与此同时,还应当意识到,民间金融的规范和发展也是服务于民生的,也就是说,通过发展民间金融,不断丰富金融产品和服务,让人民群众有更多的投资途径、投资产品,使人民群众的财产能够实现保值增值。这也符合中央关于增加人民群众财产性收入,实现共同富裕的精神,应当成为立法的宗旨和目的之一。

第三,一些具体的制度设计。立法工作要从大处着眼,小处着手,最终落脚在具体的制度设计上。我认为,温州民间融资立法起码要着力研究解决五个方面的具体问题。

一是民间融资的合法性。民间融资的方式很多,具体哪些民间融资行为需要纳入法规的调整范围,受到法律的保护,哪些行为可能妨碍金融秩序,存在社会危害性,在法律上需要给予否定的评价,都要认真深入地进行研究和解决。

二是适度的利率市场化。利率市场化是指将利率的决定权交给市场,由市场主体自行决定利率的过程。是否允许民间融资行为的当事人基于市场供求力量,根据市场信息自主决定借贷利率,以及法规保护的民间融资利率是多少,法律最高能够容忍的利率是多少等,都是立法必须面对和解决的难题。

三是民间金融组织的合法性。温州开展金融综合改革以来,积极探索和创新,组建了一些民间金融相关的机构和组织,这些机构和组织的法律地位、组织形式、工作职责以及相应的法律责任,等等,都应当在立法中予以明确。

四是民间融资的金融工具、金融渠道和金融产品的合法性。民间融资的金融工具有现金类、证券类和其他衍生类,其金融渠道相对灵活,金融产品丰富多样。其中,哪些工具、渠道和产品是合法的,哪些是法律禁止的,以及哪些领域允许民间资本进入,充分发挥民间金融服务实体经济的功能,切实有效增加人民群众的财产性收入,都需要通过立法予以规范。

五是民间金融风险的监管。民间金融风险的控制与防范是民间金融发展的一个根本性问题。民间金融的发展不可能听之任之,应当纳入监管的范围,但是行政介入的力度和界限在哪里,相关风险监管的体制机制、监管的机构、监管的制度和措施,等等,都是立法中需要认真考量的问题。

以上,我就简要谈点个人想法,供大家参考。

(这是作者2013年3月13日在温州民间融资地方立法调研座谈会上的讲话)

二、进一步加快温州民间融资阳光化步伐

2013 年 11 月,浙江省人大常委会审议并通过了《温州市民间融资管理条例》的草案,并于 2014 年 3 月开始实施。2014 年 8 月 14 日,在《条例》实施将近半年之际,我又去温州了解实施情况,以期推动《条例》的更好实施。

今天我们是第三次就《温州市民间融资管理条例》(以下简称《条例》)的实施到温州来调研了。第一次是去年 3 月份,在立法准备阶段时,就《条例》的必要性、可行性和需要解决的主要问题做了些调研。第二次是去年 10 月份,在《条例》人大法委统一审议阶段,就《条例》草案的具体制度设计征求了进一步完善的意见。这次是在《条例》实施将近半年后,看看《条例》对温州民间融资的实际推动作用到底如何,同时也了解一下从立法角度还有哪些需要完善的地方。

温州的金融改革实践是我国具有区域特点的金融体制改革,因此社会各界都较为关注。我个人也非常关注温州的金融改革实践。大家知道,任何国家的经济发展都离不开金融的发展。目前,我国的经济体制、经济发展方式正处于转型时期,金融业、资本市场也是在转型之中,有许多值得关注和研究的问题。

经过数年调研准备,2013 年 11 月浙江省人大常委会审议通过《温州市民间融资管理条例》,并于 2014 年 3 月开始生效实施。这是我国第一部关于民间借贷融资的地方性法规。我们就《条例》对温州民间融资的实际推动作用和《条例》的实施情况做个现场调研,以期进一步实施好《条例》,实实在在帮助温州民间金融改革取得明显成效。

下面,我就《条例》实施相关问题谈三点想法。

(一)金融是现代经济的主动脉,要进一步深刻认识温州金融改革的重要性

金融对于一个国家和社会起着至关重要的作用。

从理论上说,任何经济行为都可以还原为资金的运动、资本的运动和货币的运动,而现代社会最主要的是资本的运动。从经济角度来说,谁掌握了一个国家的货币发行权,谁就在很大程度上掌握了国家的执政权和社会的财富权,控制了国家的经济命脉。所以说,现代经济的一个最本质特性和要害,可以归结为金融以及现代资本的运动过程。金融是现代经济的核心、灵魂、血液。此外,金融更重要的功能还在于它是国家施政执政的重要资源和手段,是国家宏观经济调控的主要方式和工具。宏观政策松一点、紧一点,最主要的就是依靠货币金融工具。税收手段虽然也非常重要,但程序复杂,涉及面广,运用起来比较难,日常 365 天主要使用的还是货币金融手段,比如量化宽松、正回购、逆回购、国债以及各种金融工具的组合,等等。

从国际上看,世界经济最要害的也是金融问题。金融不仅是世界经济全球化的主要调控手段,也是国际外交、军事和政治斗争的重要领域。大家观察一下,近几年来,中央对外已不再是简单地给予资金援助,更重要的是合作办银行,比如成立金砖国家开发银行,增加其在世界银行中的股份等。如果能够在一个国家办银行,那其在经济、政治、外交甚至军事领域都有重大而持续的影响,而且可以合作共赢,互惠互利。

当前,我们国家的发展到了一个新的阶段,必须进一步重视和加快金融改革。但金融改革风险很大,要考虑很多因素,要从国情出发,积极稳妥地推进。在这个转型过程中,中国真正的资本革命还没有到来,资本作为财富最主要的发动机、最主要的发展标杆的时代,还没有完全到来。这其中很大一部分涉及民间的财富、民间的融资。对此,温州作为金融综合改革的试点城市,意义非常之大。

实体经济始终是国家和社会财富发展的主体和基础。资本市场是最有效的资源配置手段。资本市场机制发挥得好,就能够极大地促进实体经济发展。我们现在的局面主要是实体经济和资本经济之间没有形成良好的互动、深度的融合。问题在哪里? 我认为要全面分析,一方面,不能简单地批评企业家买股票、炒房地产、搞投机性投资。这些虽然是企业微观的决策行为,但实际上是我们宏观体制、政策引导的结果。另一方面,也不能一味地批评银行,老是搞资本泡沫,搞虚拟经济,不支持实体经济。实际上银行也是按照自己的市场规则运行,也是要规避风险,追求利润最大化的。问题的症结在于宏观体制。

就温州而言,就是要在区域范围内,围绕民间融资不断探索创新金融体制,形成可以复制的好的做法和经验,使得温州民间融资的改革继续走在全国前列。

(二)检验温州民间融资改革成效的主要标志

用立法保障、推动温州金融改革,在全国具有开创性意义。

但《温州民间融资管理条例》的制定和实行也有很大的挑战性。最大的一个问题是,《条例》实施后能否达到基本的立法意图,这是检验《条例》成败或成效如何的关键性问题。如果《条例》实施后没有实现法规所确定、认可的民间融资的新发展,那就等于失败或没有多少实际效果了。

那么,衡量这个《条例》成效的主要标志是什么呢?我们认为,可以从三个方面去考量。

1. 民间融资行为的"阳光化"

原来的民间融资,就像瓯江一样,水流在下边涌动,岸上看不见、摸不清,比如高利贷、钱庄、台会等。温州一直以来民间借贷就很发达,但由于缺乏规范和管理,风险也很大,对经济发展和社会环境带来冲击,使其付出沉重的代价。

《条例》规定了民间借贷备案制度,就是要引导地下的融资行为走到地面上来,实现阳光化和规范化,减少融资风险。这也是《条例》的最大意图和亮点之一。如果《条例》实施后,大家仍然不愿来备案,那么《条例》基本就失败了。现在看来,《条例》实施近半年来,已经备案 2617 笔,涉及金额 37.5 亿,而《条例》实施前备案的总金额是 26 亿。总的判断,备案的情况还是不错的。但这里有个占比问题,就是民间借贷的总量是多少,备案的比例占多少,这个数据要尽可能掌握起来,做到心中有数。只有不断提升备案数在总的民间融资中的占比率,才更有说服力。这也是我们需要努力的目标。

讨论《条例》时,大家都担心民间融资涉及个人隐私,当事人不愿意公开的问题。对此,政府一方面要搞好服务,尽量吸引更多当事人来登记,另一方面要加大对非法集资的打击力度。就是我们要尽可能把当事人的民间借贷行为"拉"到、"赶"到备案这个笼子里来。目前来看,备案工作的起步还不错,备案数量比《条例》实施前有较多增长。接下来的重点是要进一步加强规范和引导,提高备案的资金和数量,尤其要提高占比率。如果能够把越来越多的民间融资吸引到、"赶"到这个笼子里来,《条例》就基本成功了。

2. 民间融资阳光化的"三条河流"

《条例》出台前的民间融资,只有一条河流,就是"民间借贷"这一条。实现阳光化以后,《条例》设计了三种分流渠道:民间借贷备案、定向债券融资和定向集合资金。

这三种分流的情况如何,水流能否多起来,水流能否快起来,也是检验我们《条例》成功与否的基本因素。目前,民间融资登记了 37.5 亿(元),定向债券登记了 5000 万(元),已发行 3000 万(元),定向集合资金受理了 4.35 亿(元),已完成 2.6 亿(元)。民间融资总体上都还在起步阶段,我们要想方设法将其大力推进。

这里,我们重点谈谈债券问题。首先是要有科学理念,从领导和企业家开始,要对债务有个正确的认识,不要简单地把债务当成负担。合理的债务是财富,是发展的资源。美国华尔街也是从债务起步的,华尔街的一个街标,就是引用了美国第一任财政部长汉密尔顿的名言:"适度的债务是财富。"

从美国历史看,美国的建立、独立战争的胜利,很大程度上要归功于债务。在当年最关键的时候,法国提供了近 250 万法郎的贷款,才使得美国打赢了独立战争。美国建国后,面临的最大的经济社会问题之一,就是要不要偿还战争欠下的债务。对债务怎么解决,当时分歧很大,最后采纳了汉密尔顿的建议。这就是金融史上著名的"旋转门"计划:用新债还旧债。在不到一年的时间,美国政府用新发行的政府债券偿还了大部分的旧债务,搞活了整个经济,也树立了新政府的公信力。新的债券发行后,要有人来买,要有预期收入,而且要是可流动交易,使"死"的债券变成"活"的资产,这就需要有债券交易市场。全球著名的金融资本市场——华尔街,就是在这样的背景下形成的。可以说,美国现代经济的发展、华尔街的形成,都离不开债券。美国的债券,实际上就是美国的第二美元。美国货币发行机制和债务债券是牢牢套在一起的,要印美元,就要发债,而不像别的国家,货币相对可以宽松地印。现在我们有的人也在批评,中国买这么多的美国国债干什么,但如果了解了美国国债的本质,那么,目前世界上相对安全可靠、回报率高、资产较优质的,还要属美国国债。

我们要转变观念,要让大家认识到债务、债券的本质和益处。当然,债务不是越高越好,但要有债务债券意识,善于把资本转化为合理、适度的债务,善于将股份适度地债券化,并使股份通过债券进一步资本化。现在直接融资的手段很多,但债券是主要渠道之一,这个文章一定要做好。当然,股票证券、定向集合基金等,都属于直接融资。

《条例》设计了"三条河流",就是要在阳光化、规范化的同时,使资金更好地流动、匹配,推动实体经济的发展。只有"三条河流"的水多起来,流得快起来,《条例》的成果才能比较明显,才能真正起作用。

3. 民间融资风险的防控

围绕"三条河流",《条例》设计了很多防范风险和政府监管的措施。

这就好比是一道道的"水坝"和"水堤",让水流有秩序、有规则地流动,以防"决堤"和"干涸"。对业主、市场主体、政府和中介服务机构有什么条件规则、该做什么、该如何监管、该如何防控风险,以及一旦出现"越坝决堤"该如何处置等问题,都相应预挖了一些"水堤""水坝""调节池"。

金融的本性之一是风险。金融资产的评估就是风险评估,金融产品的定价就是风险的定价,金融资本的投资就是风险的投资。金融的代名词之一就是风险。资本市场中的利润与风险是一对相生相伴的"孪生子"。近现代所有的经济危机几乎都是从金融领域发端的,尔后波及实体经济,最后蔓延到整个经济和社会。过去 400 年间,全球发生了至少 68 次较大规模的金融危机;而在过去的 100 年里,伴随着人类金融活动的不断深化,金融危机爆发的频次更是显著增多,超过了此前 300 年的总和。所以,我们要高度关注风险问题,既要水涨船高,又要能有效控制风险,这样就达到了《条例》的目的。

(三)加快推进《条例》实施的若干工作重点

近半年来,《条例》的实施取得了初步成果,但围绕"三条河流",特别在吸引更多的阳光化民间融资,提高备案的占比率,促进河流里的"水涨船高"方面,还有许多工作要做。

一是要提高知晓度。要进一步加大宣传力度,让老百姓都知道有这样一个民间融资阳光化的措施,特别是要让他们知道备案的好处和不备案的坏处是什么。比如,备案后风险相对低,利润相对有保障,出现纠纷有法律依据等。

二是要提高服务质量。政府要想方设法,为进来的民间融资主体提供更多的便利和低成本的服务。现在《条例》设计的民间融资市场还在起步阶段,如果设定的门槛过高,就等于是把民间融资主体拒之门外,这也是当时立法考虑的重点问题。目前,温州市积极跟进,相继出台了《条例》的实施细则,还有民间借贷备案、定向债券融资和定向集合资金的三个操作指引,这些举措都非常好。接下来,还是要继续在这一方面多做文章,尽可能降低门槛,提供优质服务,先吸引人家进来,进来后就要有办法引导好。对从事民间资本运营的公司,也要为他们提供更多的服务,降低企业运营成本。当然,也要教育和引导这些公司,降低利润预期。一般而言,任何市场起步的时候,首先是要吸引各类主体进入。比如,小商品市场、专业市场等,一开始通常采取免费、低费手段吸引摊主,等到市场兴盛起来后,那自然就增值了。金融市场也是适用这一规律的。因此,政府还是要多动动脑筋,通过购买服务、设立扶持基金或者是引入社会力量等各种方式,先推动、培育形成这个市场,然后鼓励各类市场主体做大做强。

三是要重视互联网金融。互联网金融发展迅速,温州目前的量也很大,如果能够进入《条例》的制度笼子,也是很大的成果。现在任何事业发展,都需要互联网的平台和思维。互联网技术将改变旧世界,并开创一个新世界。互联网的时代、大数据的时代已经到来。无论是企业还是个人,谁不与互联网接轨,谁就难以进入现代化行列。没有互联网,企业乃至整个经济都是不可能有大的发展前景的。同样,金融的发展必定也离不开互联网的应用。目前,国家也正在抓紧调研,可能会出台规范互联网金融的法律法规或者相关规范性文件。对互联网金融,也要一方面鼓励,另一方面加强监管,防范风险。这一块,作为金融改革创新的重要领域,温州可以先研究探索,进行一些创新突破。

四是要多培育市场主体。民间融资的阳光化,除了政府外,还要大量依靠市场主体和经营主体,特别是两个"定向",都需要企业来推动。因此,要重视资本经营管理主体的发展,尽快培育更多、更强、更大的金融市场主体。对于现有的温州本地资本经营企业,要加强现代金融、经营管理等方面的知识培训,同时,可以引进温州之外成熟的资本经营公司,并加快建设温州金融产权交易中心，打造好民间金融的服务平台。

五是要构建区域化信用体系。除了"风险"外，金融另一个代名词就是"信用"。金融的风险问题，本质上就是信用问题。现在，国家也在强调要建立整个社会的信用体系，温州要建构区域的金融体系，实现地区金融和经济社会的健康、可持续发展，信用是不可或缺的。目前市人民银行、发改委等部门都已经有了自己的征信系统，已经具备一些基础性数据。对此，温州也要尽快利用、整合这些信用资源，建立起区域化的信用体系。如何设计、具体要有哪些内容，应有个整体方案。在目前情况下，运用智能化手段，也是能够做到的。

六是要放宽资产管理公司的地域限制。目前，温州现行的资产管理公司是以县级为单位的，并只能在县级区域内经营。当然，这是基于防范风险的考虑，起步阶段也是可以这么做的，但今后条件成熟后，应当打破地域局限，允许做得好的资产管理公司跨县级区域经营，或者市里可以培育几个全市域的资本运营公司，在整个温州市范围内开展业务。市场经济最大的一个规则就是要打破地域限制。一个企业能在多大的范围内配置资源，就代表着企业有多大的水平和能力，如果是全球配置资源，那就是全球化大企业。温州的问题恐怕并不完全是没有钱，而是没有好的资本经营主体和投资项目，或者资金与项目没有对接好。

总的来说，《条例》实施半年来的情况还是不错的，但也需要加快步伐继续完善。等到一年后，再摸一下底，看看到底效果如何。如果效果很好，我们可以回顾总结，提出一些可行性建议，在一定范围内推广运用。这需要一些"实"的东西，我们期待温州民间融资改革实践取得更大的成效。

后 记

温州是个有温度、有故事的地方。

改革开放使温州、温州人、"温州模式"名声大噪。中国个体经济、私营经济、民间经济"潮起温州",不管中国现代化发展进程如何,温州的这一历史性创举及贡献,都将被载入史册。

我有幸在"温州模式"崛起之时,也是争议最大的 1986—1987 年,在温州市委宣传部挂职工作一年,亲眼见证"温州模式"并参与了精神文化领域的一些工作,对当年的时代风云感受深刻,至今记忆犹新。

作为理论工作者,我一边工作一边调研思考,对"温州模式"及温州人的精神世界作了实地考察和理性思考,并留下了一些文字材料。它们是对温州、对那个时代的一个案例的记录,当然是我对那个时代、那个温州的思考。不管是对是错,是深刻还是肤浅,它们都已不重要了,因为都已成为历史。我的这些文字大多当年就已公开发表过,少部分是这次首次公开发表。为尊重历史和自己的思想观点,不管在今天看来合适与否,一概不加改动,只是对章节题目作了变更,纠正了个别文字错误。文中的许多观点、概念、表述以及材料,都留下了那个时代的痕迹。它们对于我们了解、思考那个时代,都是颇有史料价值的。当然,对于亲身经历过那个时代的人来说,也许还有着"历史洗礼"的感怀。

我也希望对此书有兴趣的读者,首先能站在那个时代背景下去看待"温州模式"和我对"潮起温州"的思考,哪怕这些思考、这些文字显得多么的"幼稚",甚至"可笑"。不过,今天我可以坦然地说,作为一位理论工作者,我守护了自己的良知,尽了自己的力量。

本书的出版问世,得到了浙江大学出版社总编辑袁亚春同志、《浙江社会科学》总编辑俞伯灵同志、温州市社科联老领导洪振宁同志、浙江大学马克思主义学院工作人员王智媛等同志的大力支持,责任编辑蔡圆圆同志更是为本书出版付出了大量劳动,修正了不少文字错误。在此,我向他们致以真诚的感谢!

王永昌

2018 年 3 月于杭州竺泉斋